KB211347

성경을 따라가는 52주 가정예배

복음서와 사도행전

세움북스는 기독교 가치관으로 교회와 성도를 건강하게 세우는 바른 책을 만들어 갑니다.

5
복음서와
사도행전

성경을 따라가는 52주 가정예배

일주일에 한 번, 온 가족 말씀 동행 프로젝트

초판 1쇄 인쇄 2024년 12월 10일
초판 1쇄 발행 2024년 12월 15일

지은이 | 김태희
펴낸이 | 강인구

펴낸곳 | 세움북스
등 록 | 제2014-000144호
주 소 | 서울시 종로구 대학로 19 한국기독교회관 1010호
전 화 | 02-3144-3500
이메일 | holy-77@daum.net

디자인 | 참디자인

ISBN 979-11-93996-28-7 [03230]
        979-11-93996-30-0 [세트]

일주일에 한 번, 온 가족 말씀 동행 프로젝트

성경을 따라가는
52주 가정예배

5

복음서와
사도행전

김태희 지음

세움북스

서문

　이 책은 가정예배 교재입니다. 책의 구성을 따라가면 누구나 힘들지 않게 가정예배를 인도할 수 있습니다. 이 책은 부모가 자녀에게 성경 66권을 가르치는 것을 목표로 합니다. 구약 4권, 신약 2권으로 구성되어 있으므로, 1년에 한 권씩 6년 동안 사용할 수 있습니다. 그래서 초등학교 1학년 때 창세기를 시작하면 초등학교 6학년 때 요한계시록을 마칠 수 있습니다.

　이 책으로 가정예배를 드리는 방식은 다음과 같습니다. 가장 먼저 시간을 정해야 합니다. 개혁주의 교회는 전통적으로 주일 저녁에 가정예배를 드렸습니다. 주일을 온전히 지키는 측면에서도 주일 저녁이 가장 좋다고 생각합니다. 물론 다른 시간에 모여도 무방합니다. 대신 가정예배 시간이 계속 바뀌지 않도록 해야 합니다.

　가정예배는 찬송으로 시작하는 것이 좋습니다. 찬송에 앞서 사도신경을 고백할 수도 있습니다. 찬송 이후에는 부모 중 한 명이 시작 기도를 드립니다. 다음으로 가정예배 본문을 읽는데, 모든 가족이 돌아가면서 읽는 것을 추천합니다. 본문은 세 개 또는 네 개의 단락으로 구성되어 있습니다. 단락별로 읽으시면 됩니다.

다음은 본문 묵상입니다. 교재에는 묵상을 도와주는 질문이 포함되어 있습니다. 부모는 교재에 있는 질문을 통해 자녀들이 말씀을 잘 이해했는지 확인하고, 이해가 부족할 때는 보충 설명을 해 주어야 합니다. 마지막으로 부모 중 한 명이 마침 기도를 합니다. 아이들이 가정예배에 익숙해지면, 아이들이 돌아가면서 기도하는 것도 좋습니다.

장로교회의 표준문서인 웨스트민스터 예배모범 제8장에는 다음과 같이 기록되어 있습니다. "가정 기도회는 신자의 당연한 의무이므로 가정마다 행할 것이니 매일 성경을 읽고, 기도하며, 찬송함으로 행할 것이다." 따라서 교회는 성도들이 가정예배를 시작하도록 독려해야 하며, 가정예배가 제대로 드려지는지 감독해야 합니다.

저는 한국 교회의 위기가 바로 여기에서 시작되었다고 생각합니다. 신자의 의무이며, 부모의 의무인 가정예배가 사라진 결과, 주일학교의 위기, 그리고 한국 교회의 위기가 시작되었다고 생각합니다. 따라서 가정예배가 회복될 때 비로소 주일학교가 회복되고, 한국 교회가 회복된다고 생각합니다.

아무쪼록 《성경을 따라가는 52주 가정예배》를 통해, 가정예배가 회복되고, 그리하여 주일학교가 회복되고, 마침내 한국 교회가 회복되는 선순환이 일어나기를 소망합니다.

목차

서문 + 4

마태복음

마가복음

누가복음

사도행전

일주일에 한 번,
온 가족 말씀 동행 프로젝트

마태복음

아브라함과 다윗의 자손 예수 그리스도의 계보라

마태복음 1-3장 | 찬송가 38장. 예수 우리 왕이여

▌ 아브라함과 다윗의 자손 예수 그리스도의 계보라(1:1)

마태복음의 저자는 예수님의 열두 제자 중 한 명인 마태입니다. 마태는 예수님이 아브라함과 다윗의 자손이라고 말합니다. 이것은 크게 두 가지를 의미합니다. 첫째, 예수님은 구약의 예언을 성취하러 오신 구원자라는 사실입니다. 하나님은 아브라함과 다윗에게 구원자를 약속하셨고, 그 약속은 예수님을 통해 성취되었습니다. 둘째, 예수님은 이 세상의 진정한 왕이시라는 사실입니다. 다윗은 이스라엘의 왕이었습니다. 따라서 다윗의 자손인 예수님도 왕이십니다. 다윗은 이스라엘의 왕이었지만, 예수님은 이스라엘을 넘어 모든 나

라와 민족의 왕이십니다.

예수님은 베들레헴에서 출생하셨습니다. 이것은 구약의 예언을 성취한 것입니다. 미가 선지자는 예수님이 베들레헴에서 출생할 것이라 예언했습니다. "베들레헴 에브라다야 너는 유다 족속 중에 작을지라도 이스라엘을 다스릴 자가 네게서 내게로 나올 것이라 그의 근본은 상고에, 영원에 있느니라"(미 5:2). 미가 선지자가 약속한 구원자가 바로 예수님입니다.

하나님은 동방 박사들을 예수님께 인도했습니다. 동방 박사들은 별의 인도를 받아 예수님이 계신 곳에 도착했습니다. 동방 박사들은 예수님께 엎드려 절하고, 귀한 선물을 바쳤습니다. 동방 박사들은 이방 사람들을 대표합니다. 따라서 동방 박사들의 방문은 예수님이 유대인과 이방인 모두의 경배를 받으실 분임을 의미합니다. 예수님은 모든 나라와 민족의 왕이십니다.

> 광야에 외치는 자의 소리가 있어 이르되 너희는 주의 길을 준비하라 그가 오실 길을 곧게 하라 하였느니라(3:1-3)

고대에는 왕이 어떤 지역을 방문할 때, 사신들이 앞서가서 왕이 오실 길을 준비했습니다. 이사야 선지자는 왕이신 예수님이 오실 때도, 예수님의 오심을 준비하는 사신이 있을 것이라고 예언했습니다. 이사야가 예언한 사신은 세례 요한입니다. 세례 요한은 하나님 나라의 왕이 오셨다고 외쳤습니다. 이사야는 왕이신 예수님의 사역을 준비한 사람이었습니다.

묵상

예수님이 베들레헴에서 출생할 것을 예언한 선지자는 누구입니까?

_____

_____

_____

_____

세례 요한의 사역을 예언한 선지자는 누구입니까?

_____

_____

_____

기도

하나님, 예수님을 이 땅에 보내 주셔서 감사합니다. 우리를 위해 약속을 이루어 주셔서 감사합니다. 예수님은 우리의 왕이십니다. 왕이신 예수님의 말씀에 순종하며 살아가게 해 주세요. 그 말씀 안에 안전히 거하며 살게 해 주세요. 예수님의 이름으로 기도합니다. 아멘.

심령이 가난한 자는 복이 있나니

마태복음 4-5장 | 찬송가 427장. 맘 가난한 사람

▍ 그때에 예수께서 성령에게 이끌리어 마귀에게 시험을 받으러 광야로 가사(4:1)

예수님은 광야에서 사탄에게 시험을 받으셨습니다. 광야는 출애굽한 이스라엘이 하나님께 불순종한 장소입니다. 이스라엘은 광야에서 실패했지만, 예수님은 광야에서 실패하지 않으셨습니다. 예수님은 이스라엘과 달리 사탄의 유혹에 넘어가지 않으셨습니다. 예수님은 끝까지 하나님의 말씀에 순종하셨습니다. 예수님의 승리는 곧 우리의 승리입니다. 하나님은 예수님을 믿는 자들을 예수님과 같은 의인으로 여겨 주시기 때문입니다.

> 심령이 가난한 자는 복이 있나니 천국이 그들의 것임이요 애통하는 자는 복이 있
> 나니 그들이 위로를 받을 것임이요 온유한 자는 복이 있나니 그들이 땅을 기업으
> 로 받을 것임이요 의에 주리고 목마른 자는 복이 있나니 그들이 배부를 것임이요
> (5:3-6)

예수님은 자신을 따르는 제자들을 위해, 산에서 가르침을 베푸셨습니다. 이것을 '산상수훈'이라고 합니다. 산상수훈에 따르면, 마음이 가난한 사람, 마음에 슬픔이 있는 사람, 마음이 온유한 사람이 복 있는 사람입니다. 이런 사람들은 누구보다 하나님의 은혜를 바랄 것이고, 그 결과 누구보다 하나님의 은혜를 많이 받을 것이기 때문입니다. 우리의 마음은 어떻습니까? 은혜를 간절히 바라는 마음입니까, 아니면 은혜 없이도 만족하는 마음입니까?

> 긍휼히 여기는 자는 복이 있나니 그들이 긍휼히 여김을 받을 것임이요(5:7)

산상수훈에 따르면, 다른 사람을 불쌍히 여기는 사람이 복 있는 사람입니다. 이런 사람들은 하나님께 긍휼히 여김을 받을 것이기 때문입니다. 우리는 다른 사람들을 어떻게 대합니까? 우리가 다른 사람들을 불쌍히 여기고 도와줄 때, 하나님도 우리를 불쌍히 여기시고 도움을 베푸신다는 사실을 기억합시다.

> 나로 말미암아 너희를 욕하고 박해하고 거짓으로 너희를 거슬러 모든 악한 말을
> 할 때에는 너희에게 복이 있나니 기뻐하고 즐거워하라 하늘에서 너희의 상이 큼
> 이라 너희 전에 있던 선지자들도 이같이 박해하였느니라(5:11-12)

산상수훈에 따르면, 하나님 때문에 세상에서 어려움을 당하는 사람이 복 있는 사람입니다. 이런 사람들은 하늘에서 상이 클 것이기 때

문입니다. 따라서 이 땅에서 고난을 당한 선지자들은 불쌍한 사람들이 아닙니다. 그들은 하늘에서 누구보다 큰 상을 받을 것입니다.

> 이같이 너희 빛이 사람 앞에 비치게 하여 그들로 너희 착한 행실을 보고 하늘에 계신 너희 아버지께 영광을 돌리게 하라(5:16)

하나님은 우리에게 구원을 선물로 주셨습니다. 우리는 산상수훈이 말하는 복 있는 사람이 되었습니다. 그렇다면 복 있는 사람은 어떻게 살아야 할까요? 착하게 살아야 합니다. 세상 사람들에게 착한 행실을 보여 주는 사람이 되어야 합니다. 우리는 복을 받기 위해서 착한 행동을 하는 것이 아니라, 이미 복을 받은 사람이기 때문에 착한 행동을 해야 합니다.

묵상

왜 예수님의 승리가 우리의 승리이고, 예수님의 순종이 우리의 순종입니까?

왜 다른 사람을 불쌍히 여기는 사람이 복 있는 사람입니까?

기도

하나님, 저희를 구원해 주셔서 감사합니다. 저희를 복 있는 사람 되게 해 주셔서 감사합니다. 저희가 세상에서 복 있는 사람답게 살도록 해 주세요. 다른 사람을 불쌍히 여기고, 항상 착한 행동을 하며 하나님께 영광을 돌리며 살아가게 해 주세요. 예수님의 이름으로 기도합니다. 아멘.

3주

그러므로 너희는 이렇게 기도하라

마태복음 6-7장 | 찬송가 635장. 주기도문

> 너는 구제할 때에 오른손이 하는 것을 왼손이 모르게 하여 네 구제함을 은밀하게
> 하라 은밀한 중에 보시는 너의 아버지께서 갚으시리라(6:3-4)

예수님은 남을 도울 때 은밀하게 하라고 하셨습니다. 예수님은 구제
뿐만 아니라 기도와 금식도 은밀하게 하라고 하셨습니다. 이 예수님
의 가르침은 사람들의 눈을 의식하지 말라는 뜻입니다. 사람들에게
인정받고 싶어서 선을 행하지 말라는 뜻입니다. 우리가 선을 행하는
목적은 하나밖에 없습니다. 하나님의 영광입니다. 우리는 사람의
인정이 아니라, 하나님의 인정을 받기 위해 선을 행해야 합니다.

> 그러므로 너희는 이렇게 기도하라 하늘에 계신 우리 아버지여 이름이 거룩히 여
> 김을 받으시오며 나라가 임하시오며 뜻이 하늘에서 이루어진 것 같이 땅에서도
> 이루어지이다(6:9-10)

예수님은 가장 먼저 하나님의 이름을 위해서 기도하라고 하셨습니
다. 이어서 하나님의 나라와 하나님의 뜻을 위해서 기도하라고 하
셨습니다. 예수님의 가르침은 기도의 목적이 무엇인지를 알려 줍니
다. 세상 사람들은 자신의 욕심을 위해서 기도합니다. 자신의 이름
과 자신의 나라와 자신의 뜻을 위해서 기도합니다. 우리는 달라야
합니다. 우리는 하나님의 이름과 하나님의 나라와 하나님의 뜻을 위
해서 기도해야 합니다.

> 비판을 받지 아니하려거든 비판하지 말라 너희가 비판하는 그 비판으로 너희가
> 비판을 받을 것이요 너희가 헤아리는 그 헤아림으로 너희가 헤아림을 받을 것이
> 니라(7:1-2)

예수님은 남을 비판하지 말라고 하셨습니다. 이것은 남을 전혀 판단
하지 말라는 뜻이 아니라, 자비롭게 판단하라는 뜻입니다. 하나님
은 우리처럼 부족한 사람들을 용서하시고 사랑해 주셨습니다. 그렇
다면 우리도 다른 사람의 부족함을 이해해 주어야 합니다. 다른 사
람의 실수를 용서해 주어야 합니다.

> 구하라 그리하면 너희에게 주실 것이요 찾으라 그리하면 찾아낼 것이요 문을 두
> 드리라 그리하면 너희에게 열릴 것이니(7:7)

하나님은 우리의 기도를 기뻐하십니다. 그러므로 우리는 기도로 하
나님께 구해야 합니다. 기도로 하나님을 찾아야 합니다. 기도로 하

나님의 문을 두드려야 합니다. 쉽게 포기하지 말고 계속해서 기도해야 합니다. 만약 열심히 기도했는데도 응답이 없다면, 그것은 우리의 기도가 우리에게 유익하지 않기 때문입니다.

> 그러므로 무엇이든지 남에게 대접을 받고자 하는 대로 너희도 남을 대접하라
> (7:12)

예수님은 이웃을 사랑하는 방법을 가르쳐 주셨습니다. 우리가 원하는 것을 남에게 주는 것이 사랑입니다. 우리가 받고 싶은 것을 남에게 주는 것이 사랑입니다. 따라서 우리가 듣기 싫은 말은 남에게도 해서는 안 됩니다. 우리가 하기 싫은 것은 남에게도 요구해서는 안 됩니다.

묵상

왜 은밀하게 선을 행해야 합니까?

왜 남을 비판하지 말아야 합니까?

이웃을 사랑하는 방법은 무엇입니까?

기도

하나님, 저희가 하나님의 영광을 위해서 살아가게 해 주세요. 선을 행할 때도 하나님의 영광을 위해서, 기도나 금식을 할 때도 하나님의 영광을 위해서 행하게 해 주세요. 사람들의 칭찬이나 인정을 받기 위해 선을 행하지 않게 해 주세요. 예수님의 이름으로 기도합니다. 아멘.

4주

여행을 위하여 배낭이나 두 벌 옷이나 신이나 지팡이를 가지지 말라

마태복음 8-10장 | 찬송가 287장. 예수 앞에 나오면

> 한 나병 환자가 나아와 절하며 이르되 주여 원하시면 저를 깨끗하게 하실 수 있나이다 하거늘 예수께서 손을 내밀어 그에게 대시며 이르시되 내가 원하노니 깨끗함을 받으라 하시니 즉시 그의 나병이 깨끗하여진지라(8:2-3)

유대인들은 나병 환자를 부정하게 여기고 가까이하지 않았습니다. 하지만 예수님은 나병 환자를 가까이하시고, 그의 병을 치료해 주셨습니다. 예수님은 질병을 고치시는 능력의 하나님이시며, 소외된 자들을 가까이하시는 사랑의 하나님이십니다.

> 침상에 누운 중풍병자를 사람들이 데리고 오거늘 예수께서 그들의 믿음을 보시
> 고 중풍병자에게 이르시되 작은 자야 안심하라 네 죄 사함을 받았느니라(9:2)

예수님은 중풍병자의 죄를 용서해 주셨습니다. 죄 용서는 하나님만
하실 수 있는 일입니다. 예수님은 자신이 하나님의 아들이심을 보여
주시기 위해, 병을 고칠 뿐만 아니라 죄도 용서해 주셨습니다.

> 예수께서 그곳을 떠나 지나가시다가 마태라 하는 사람이 세관에 앉아 있는 것을
> 보시고 이르시되 나를 따르라 하시니 일어나 따르니라(9:9)

세리는 유대인들에게 세금을 거두어서 로마에 바치던 사람입니다.
유대인들은 세리를 몹시 싫어했습니다. 하지만 예수님은 세리였던
마태를 제자로 부르셨습니다. 예수님은 마태에게 새로운 기회를 주
셨습니다. 그 결과 마태는 열두 사도 가운데 한 명이 되었고, 마태복
음을 기록한 성경의 저자가 되었습니다.

> 여행을 위하여 배낭이나 두 벌 옷이나 신이나 지팡이를 가지지 말라 이는 일꾼이
> 자기의 먹을 것 받는 것이 마땅함이라(10:10)

예수님은 열두 제자를 파송하셨습니다. 열두 제자는 갈릴리 지방을
두루 다니며 복음을 전했습니다. 예수님은 열두 제자에게 배낭을 가
지지 말라고 하셨습니다. 배낭은 재산과 돈을 의미합니다. 따라서
예수님의 가르침은 돈을 하나님처럼 생각하지 말라는 뜻입니다. 그
러므로 우리는 돈이 부족하다고 두려워하지 말아야 합니다. 꼭 필요
한 것은 하나님께서 주신다는 믿음을 가져야 합니다.

> 몸은 죽여도 영혼은 능히 죽이지 못하는 자들을 두려워하지 말고 오직 몸과 영혼

교회 역사에는 순교자들이 많습니다. 그들이 순교할 수 있었던 것은
사람보다 하나님을 더 두려워했기 때문입니다. 사람의 심판보다 하
나님의 심판을 더 두려워했기 때문입니다. 우리는 누구를 더 두려워
합니까? 사람보다 하나님을 더 두려워하고 있습니까? 사람이 주는
불이익보다 하나님의 심판을 더 두려워하고 있습니까?

묵상

왜 예수님은 중풍병자의 죄를 용서해 주셨습니까?

_____

_____

_____

왜 예수님은 제자들에게 배낭을 가지지 말라고 하셨습니까?

_____

_____

_____

_____

기도

하나님, 사람을 두려워하기보다 하나님을 두려워하게 해 주세요. 사람이 주는 불이익보다 하나님의 심판을 더 두려워하게 해 주세요. 언제 어디서나 하나님만을 의지하며, 항상 하나님 중심으로 살아가게 해 주세요. 예수님의 이름으로 기도합니다. 아멘.

5주

안식일에 선을 행하는 것이 옳으니라

마태복음 11-13장 | 찬송가 43장. 즐겁게 안식할 날

> 예수께서 대답하여 이르시되 너희가 가서 듣고 보는 것을 요한에게 알리되 맹인이 보며 못 걷는 사람이 걸으며 나병 환자가 깨끗함을 받으며 못 듣는 자가 들으며 죽은 자가 살아나며 가난한 자에게 복음이 전파된다 하라(11:4-5)

세례 요한은 예수님이 진짜 메시아가 맞는지 질문했습니다. 이에 예수님은 자신을 통해 못 보던 자들이 보고, 못 걷던 자들이 걷고, 못 듣던 자들이 듣고, 심지어 죽은 자가 살아나는 기적이 일어나고 있다고 하셨습니다. 이것은 이사야 선지자가 예언한 일들입니다. 이사야 선지자는 메시아가 오시면 이런 기적들이 일어날 것이라고 말했습니다. 이처럼 예수님은 구약의 예언을 성취하신 진짜 메시아이

복음서와 사도행전

십니다.

> 예수께서 이르시되 너희 중에 어떤 사람이 양 한 마리가 있어 안식일에 구덩이에 빠졌으면 끌어내지 않겠느냐 사람이 양보다 얼마나 더 귀하냐 그러므로 안식일에 선을 행하는 것이 옳으니라 하시고 이에 그 사람에게 이르시되 손을 내밀라 하시니 그가 내밀매 다른 손과 같이 회복되어 성하더라(12:11-13)

하나님은 안식일을 지키라고 하셨습니다. 안식일을 참된 행복의 날로 보내기를 원하셨기 때문입니다. 하지만 바리새인들은 안식일에 병을 고치는 일조차 금지함으로써, 안식일을 고통의 날로 만들었습니다. 그래서 예수님은 보란 듯이 병자를 고치셨습니다. 병으로 고통받던 사람들에게 행복을 선물하셨습니다. 안식일은 무엇을 하지 않는 날이기 이전에, 무언가를 행하는 날입니다. 예배를 행하고, 선을 행하는 날입니다.

> 선한 사람은 그 쌓은 선에서 선한 것을 내고 악한 사람은 그 쌓은 악에서 악한 것을 내느니라(12:35)

예수님은 바리새인들이 악을 행하는 이유가, 그들의 마음에 악한 것이 가득하기 때문이라고 하셨습니다. 마음에 악한 것이 가득한 사람은 악한 행동을 하게 됩니다. 반대로 마음에 선한 것이 가득한 사람은 선한 행동을 하게 됩니다. 그러므로 마음에 선한 것을 채우는 것은 매우 중요합니다. 우리는 마음에 무엇을 채우고 있습니까? 선한 것을 채우고 있습니까, 악한 것을 채우고 있습니까?

> 더러는 좋은 땅에 떨어지매 어떤 것은 백 배, 어떤 것은 육십 배, 어떤 것은 삼십

예수님은 씨 뿌리는 비유를 통해, 마음의 중요성을 가르쳐 주셨습니다. 씨 뿌리는 비유에서 씨는 말씀을, 땅은 마음을 의미합니다. 마음의 상태에 따라서 열매를 맺을 수도 있고, 맺지 못할 수도 있습니다. 믿지 않는 마음, 두려움이 많은 마음으로는 말씀을 들어도 열매를 맺을 수 없습니다. 말씀을 중요하게 생각하고, 말씀을 사랑하는 마음을 가져야 열매를 맺을 수 있습니다. 우리의 마음은 어떠합니까? 말씀을 사랑하는 마음입니까?

묵상

하나님께서 안식일을 지키라고 하신 이유는 무엇입니까?

_____

_____

_____

안식일에 우리는 무엇을 행해야 합니까?

_____

_____

_____

기도

하나님, 저희가 안식일(주일)을 잘 지키게 해 주세요. 하나님을 사랑하는 마음으로 최선을 다해 하나님을 예배하고, 이웃을 사랑하는 마음으로 성실하게 선을 행하게 해 주세요. 그리하여 안식일(주일)을 거룩한 기쁨의 날로 보내게 해 주세요. 예수님의 이름으로 기도합니다. 아멘.

6주

주는 그리스도시요
살아 계신 하나님의 아들이시니이다

마태복음 14-16장 | 찬송가 38장. 예수 우리 왕이여

> 무리를 명하여 잔디 위에 앉히시고 떡 다섯 개와 물고기 두 마리를 가지사 하늘을 우러러 축사하시고 떡을 떼어 제자들에게 주시매 제자들이 무리에게 주니 다 배불리 먹고 남은 조각을 열두 바구니에 차게 거두었으며 먹은 사람은 여자와 어린이 외에 오천 명이나 되었더라(14:19-21)

유명한 오병이어 사건입니다. 예수님은 빵 다섯 조각과 물고기 두 마리로 오천 명이 넘는 사람들을 먹이셨습니다. 하나님께서 광야의 이스라엘을 만나와 메추라기로 먹이셨듯이, 예수님도 광야의 이스라엘을 빵과 물고기로 먹이셨습니다. 따라서 오병이어 사건은 예수

님이 하나님의 아들이심을 입증하는 사건입니다.

> 밤 사경에 예수께서 바다 위로 걸어서 제자들에게 오시니 … 배에 있는 사람들이
> 예수께 절하며 이르되 진실로 하나님의 아들이로소이다 하더라(14:25-33)

사람은 물 위를 걸을 수 없습니다. 그것이 자연의 법칙입니다. 하지만 예수님은 물 위를 걸으셨습니다. 예수님은 자연의 법칙을 초월하시는 하나님이시기 때문입니다. 그래서 제자들은 물 위를 걸으시는 예수님을 보고서 하나님의 아들이라고 고백했습니다.

> 대답하여 이르시되 너희는 어찌하여 너희의 전통으로 하나님의 계명을 범하느냐
> (15:3)

예수님은 바리새인들이 "전통으로 하나님의 계명을" 어기는 자들이라고 하셨습니다. 바리새인들은 말씀이 중요하다고 하면서도, 말씀을 있는 그대로 지키지 않았습니다. 자신들에게 편한 대로 교묘하게 바꾸었습니다. 계속 새로운 규칙, 새로운 전통을 만들었습니다. 하나님의 말씀을 우리 입맛대로 바꾸어서는 안 됩니다. 우리의 이익을 위해 하나님의 말씀을 바꾸어서는 안 됩니다.

> 예수께서 빌립보 가이사랴 지방에 이르러 제자들에게 물어 이르시되 사람들이
> 인자를 누구라 하느냐(16:13)

예수님은 제자들에게 자신을 어떻게 믿고 있는지 물어보셨습니다. 제자들이 예수님을 제대로 믿고 있는지 확인하셨습니다. 이처럼 자신의 믿음을 점검하는 것은 매우 중요합니다. 예수님을 믿는다고 하면서도 틀리게 믿는 경우가 많기 때문입니다. 교회 역사에서 이단이

끊이지 않은 것이 그 증거입니다. 우리는 어떠합니까? 우리는 예수님을 제대로 이해하고, 제대로 믿고 있습니까?

> 시몬 베드로가 대답하여 이르되 주는 그리스도시요 살아 계신 하나님의 아들이시니이다(16:16)

베드로는 예수님이 그리스도이자 하나님의 아들이라고 고백했습니다. 예수님이 하나님의 아들이자 하나님께서 보내신 구원자라는 뜻입니다. 예수님은 이 대답을 들으시고 베드로를 칭찬하셨습니다. 베드로가 예수님에 대해 바른 믿음을 가지고 있었기 때문입니다. 우리도 예수님을 바르게 알아야 합니다. 예수님을 계속 배우고, 알아가야 합니다. 하나님께서 칭찬해 주실 것입니다.

묵상

오병이어 사건을 통해 예수님이 어떤 분임을 알 수 있습니까?

물 위를 걸으신 사건을 통해 예수님이 어떤 분임을 알 수 있습니까?

기도

하나님, 저희가 예수님을 바르게 믿게 해 주세요. 예수님을 하나님의 아들로 믿게 해 주세요. 예수님을 우리의 구원자로 믿게 해 주세요. 예수님에 대한 바른 믿음을 가지고 살아가게 해 주세요. 바르게 믿어 바르게 순종하는 사람이 되게 해 주세요. 예수님의 이름으로 기도합니다. 아멘.

네 소유를 팔아 가난한 자들에게 주라

마태복음 17-19장 | 찬송가 311장. 내 너를 위하여

> 엿새 후에 예수께서 베드로와 야고보와 그 형제 요한을 데리시고 따로 높은 산에 올라가셨더니 그들 앞에서 변형되사 그 얼굴이 해 같이 빛나며 옷이 빛과 같이 희어졌더라(17:1-2)

예수님은 제자들을 데리고 산에 올라가셨습니다. 예수님은 산에서 영광스러운 모습으로 변화되셨습니다. 이것을 '변화산 사건'이라고 합니다. 이 사건은 배경이 중요합니다. 예수님은 6일 전에 자신의 십자가 죽음을 말씀하셨습니다. 제자들은 예수님께서 죽으신다는 말을 듣고 큰 충격에 빠졌습니다. 바로 이것이 예수님께서 영광스러운 모습을 보여 주신 이유입니다. 예수님은 죽음으로 끝나는 것

이 아니라, 죽음을 통해 영광스럽게 변화되신다는 사실을 보여 주신 것입니다. 실제로 예수님은 영광스럽게 부활하셨고, 승천하셨으며, 지금은 온 세상을 통치하고 계십니다.

> 그때에 제자들이 예수께 나아와 이르되 천국에서는 누가 크니이까 / 그러므로 누구든지 이 어린아이와 같이 자기를 낮추는 사람이 천국에서 큰 자니라(18:1, 4)

제자들은 예수님께 누가 큰 사람이냐고 질문했습니다. 이에 예수님은 어린아이와 같이 자기를 낮추는 사람이라고 하셨습니다. 세상 사람들은 자기를 높이려고 합니다. 세상 사람들은 자기를 높이기 위해서 재산을 자랑하고, 명품을 자랑하고, 지위를 자랑합니다. 하지만 우리는 자기를 낮추는 사람이 되어야 합니다. 자기 힘을 의지하거나 자랑하지 않고, 하나님만을 의지하고 자랑하면서 살아가야 합니다.

> 그때에 베드로가 나아와 이르되 주여 형제가 내게 죄를 범하면 몇 번이나 용서하여 주리이까 일곱 번까지 하오리이까 예수께서 이르시되 네게 이르노니 일곱 번뿐 아니라 일곱 번을 일흔 번까지라도 할지니라(18:21-22)

베드로는 예수님께 몇 번이나 용서해야 하냐고 물었습니다. 일곱 번이면 충분하냐고 물었습니다. 당시 랍비들은 세 번까지 용서하라고 했습니다. 거기에 비하면 베드로는 상당히 관대하게 말했습니다. 예수님은 7번씩 70번이라도 용서하라고 하셨습니다. 문자적으로는 490번이지만, 사실 무한대로 용서하라는 말입니다. 그 이유는 우리가 무한대의 용서를 받았기 때문입니다. 하나님은 우리의 모든 죄를 용서해 주셨습니다. 따라서 우리도 다른 사람의 모든 죄를 용서해 주어야 합니다.

> 예수께서 이르시되 네가 온전하고자 할진대 가서 네 소유를 팔아 가난한 자들에게 주라 그리하면 하늘에서 보화가 네게 있으리라 그리고 와서 나를 따르라 하시니 그 청년이 재물이 많으므로 이 말씀을 듣고 근심하며 가니라(19:21-22)

부자 청년이 예수님을 찾아왔습니다. 부자 청년은 자신이 모든 율법에 순종한다고 말했습니다. 예수님은 부자 청년에게 재산을 가난한 자에게 나누어 주고, 예수님을 따르라고 하셨습니다. 그러자 부자 청년은 예수님을 떠났습니다. 예수님보다 돈을 더 사랑했기 때문입니다. 하나님보다 더 사랑하는 것을 '우상'이라고 합니다. 부자 청년은 하나님보다 돈을 더 사랑하는 우상 숭배자였습니다.

묵상

예수님은 누가 큰 사람이라고 하셨습니까?

_____

_____

_____

예수님은 몇 번이나 용서하라고 하셨습니까?

_____

_____

_____

_____

기도

하나님, 하나님은 저희의 모든 죄를 용서해 주셨습니다. 저희의 죄를 깨끗하게 용서해 주셨습니다. 그러므로 저희도 다른 사람을 용서하게 해 주세요. 한두 번만 용서하는 것이 아니라, 계속해서 용서하며 살게 해 주세요. 그리하여 하나님의 사랑을 세상에 전하게 해 주세요. 예수님의 이름으로 기도합니다. 아멘.

8주

나귀와 나귀 새끼가 함께 있는 것을 보리니 풀어 내게로 끌고 오라

> 천국은 마치 품꾼을 얻어 포도원에 들여보내려고 이른 아침에 나간 집 주인과 같
> 으니 / 나중 온 이 사람들은 한 시간밖에 일하지 아니하였거늘 그들을 종일 수고
> 하며 더위를 견딘 우리와 같게 하였나이다(20:1, 12)

예수님은 포도원 품꾼 비유를 통해 하나님 나라의 원리를 설명해 주
셨습니다. 포도원 주인이 일꾼을 고용했습니다. 어떤 사람들은 오
전부터 일했고, 어떤 사람들은 오후부터 일했습니다. 일이 끝나고
난 후, 포도원 주인은 오전부터 일한 사람과 오후부터 일한 사람에
게 똑같은 돈을 주었습니다. 세상의 원리로는 이해할 수 없는 일입

니다. 하지만 바로 이것이 천국의 원리입니다. 이 비유에서 오후부터 일한 사람들은 우리를 의미합니다. 오후부터 일한 사람들은 오전부터 일한 사람들과 똑같은 돈을 받을 자격이 없습니다. 마찬가지로 우리에게는 구원받을 자격이 없습니다. 오후부터 일한 사람들이 은혜로 돈을 받은 것처럼, 우리도 은혜로 구원받았습니다.

> 그들이 예루살렘에 가까이 가서 감람산 벳바게에 이르렀을 때에 예수께서 두 제자를 보내시며 이르시되 너희는 맞은편 마을로 가라 그리하면 곧 매인 나귀와 나귀 새끼가 함께 있는 것을 보리니 풀어 내게로 끌고 오라(21:1-2)

예수님은 예루살렘에 가까이 가셨을 때 나귀를 준비하라고 하셨습니다. 말은 주로 전쟁에 필요하고, 나귀는 주로 농사에 필요합니다. 그래서 말은 전쟁을, 나귀는 평화를 의미합니다. 예수님은 평화의 왕이심을 드러내기 위해 나귀를 타고 예루살렘으로 들어가셨습니다. 이것은 또한 구약의 예언을 성취한 일이기도 합니다. 스가랴 선지자는 다음과 같이 예언했습니다. "보라 네 왕이 네게 임하시나니 그는 공의로우시며 구원을 베푸시며 겸손하여서 나귀를 타시나니"(슥 9:9). 예수님은 스가랴 선지자의 예언을 성취하기 위해 나귀를 타고 예루살렘에 입성하셨습니다.

> 예수께서 이르시되 네 마음을 다하고 목숨을 다하고 뜻을 다하여 주 너의 하나님을 사랑하라 하셨으니 이것이 크고 첫째 되는 계명이요 둘째도 그와 같으니 네 이웃을 네 자신 같이 사랑하라 하셨으니 이 두 계명이 온 율법과 선지자의 강령이니라(22:37-40)

예수님은 가장 중요한 계명이 하나님을 사랑하는 것과 이웃을 사랑하는 것이라고 하셨습니다. 예수님은 이 두 가지가 율법의 강령이라고 하셨는데, 모든 율법을 요약한 것이 이 두 가지라는 뜻입니다. 또한 예수님은 "그와 같으니"라는 말씀을 통해, 첫째 계명과 둘째 계명이 같다고 하셨습니다. 이것은 하나님을 사랑하는 것은 이웃을 사랑하는 것으로 증명되고, 이웃을 사랑하지 않는 사람은 하나님도 사랑하지 않는다는 뜻입니다. 혹시 우리는 이웃에게 무관심하지 않습니까? 그것은 우리가 하나님과 멀어져 있다는 증거입니다.

묵상

포도원 품꾼 비유에서 오후부터 일한 사람들은 누구를 의미합니까?

왜 예수님은 나귀를 타고 예루살렘으로 들어가셨습니까?

기도

하나님, 평화의 왕이신 예수님처럼, 저희도 평화의 사람이 되게 해 주세요. 갈등과 다툼과 전쟁이 가득한 세상에서, 평화를 이루어 내는 사람이 되게 해 주세요. 예수님의 이름으로 기도합니다. 아멘.

9주

그들이 하는 행위는 본받지 말라
그들은 말만 하고 행하지 아니하며

마태복음 23–25장 | 찬송가 40장. 찬송으로 보답할 수 없는

> 서기관들과 바리새인들이 모세의 자리에 앉았으니 그러므로 무엇이든지 그들이
> 말하는 바는 행하고 지키되 그들이 하는 행위는 본받지 말라 그들은 말만 하고 행
> 하지 아니하며(23:2-3)

예수님은 서기관과 바리새인들을 비판하셨습니다. 율법을 가르치기만 하고 행하지 않았기 때문입니다. 율법을 아는 것은 중요하지만, 행하지 않으면 쓸모가 없습니다. 우리는 어떠합니까? 아는 대로 살기 위해 노력하고 있습니까? 혹시 말만 하고 행하지 않는 사람은 아닙니까?

복음서와 사도행전

> 잔치의 윗자리와 회당의 높은 자리와 시장에서 문안받는 것과 사람에게 랍비라
> 칭함을 받는 것을 좋아하느니라(23:6-7)

예수님이 서기관과 바리새인들을 비판하신 또 다른 이유는 그들의 교만 때문입니다. 그들은 높은 자리에 앉는 것과 인사받는 것과 선생이라고 불리는 것을 좋아했습니다. 이것들은 예수님이 강조하신 낮은 자리에서 섬기는 삶과 정반대되는 삶입니다. 우리는 높은 자리보다 낮은 자리로 가야 합니다. 먼저 인사하는 사람이 되어야 합니다. 먼저 섬기는 사람이 되어야 합니다.

> 예수께서 성전에서 나와서 가실 때에 제자들이 성전 건물들을 가리켜 보이려고
> 나아오니 대답하여 이르시되 너희가 이 모든 것을 보지 못하느냐 내가 진실로 너
> 희에게 이르노니 돌 하나도 돌 위에 남지 않고 다 무너뜨려지리라(24:1-2)

예수님 당시의 유대인들은 예루살렘 성전을 몹시 자랑스러워했습니다. 하지만 예수님은 성전이 언젠가 무너질 거라고 하셨습니다. 당시에 성전이 제 기능을 하지 못하고 있었고, 이제 성전의 역할을 예수님이 대신 하실 것이기 때문입니다. 구약 시대에는 성전을 통해 하나님께 나아갔지만, 신약 시대에는 예수님을 통해 하나님께 나아가기 때문입니다. 예수님의 말씀대로 주후 70년에 로마 군대의 침략으로 성전은 완전히 무너졌습니다.

> 그때에 천국은 마치 등을 들고 신랑을 맞으러 나간 열 처녀와 같다 하리니 그 중
> 의 다섯은 미련하고 다섯은 슬기 있는 자라(25:1-2)

예수님은 열 처녀 비유를 통해 예수님의 재림을 준비하라고 가르치셨습니다. 열 처녀 비유의 내용은 다음과 같습니다. 열 명의 신부가

신랑을 기다리고 있었습니다. 다섯 신부는 신랑을 맞이할 준비를 했지만, 나머지 다섯 신부는 신랑을 맞이할 준비를 하지 못했습니다. 결국 다섯 신부는 결혼식장에 들어갔지만, 나머지 다섯 신부는 결혼식장에 들어가지 못했습니다. 예수님께서 재림하시는 날도 마찬가지일 것입니다. 예수님의 재림을 준비한 자들은 예수님과 함께 천국으로 가지만, 예수님의 재림을 준비하지 않은 자들은 지옥으로 가게 될 것입니다.

묵상

왜 예수님은 서기관과 바리새인들을 비판하셨습니까?

왜 예수님은 성전이 무너진다고 하셨습니까?

기도

하나님, 저희가 높은 자리보다 낮은 자리로 가게 해 주세요. 낮은 자리에서 섬기는 사람이 되게 해 주세요. 낮아지고 섬기는 삶으로 하나님의 사랑을 세상에 전하게 해 주세요. 예수님의 이름으로 기도합니다. 아멘.

10주

나의 원대로 마시옵고 아버지의 원대로 하옵소서

마태복음 26–28장 | 찬송가 161장. 할렐루야 우리 예수

> 예수께서 이 말씀을 다 마치시고 제자들에게 이르시되 너희가 아는 바와 같이 이
> 틀이 지나면 유월절이라 인자가 십자가에 못 박히기 위하여 팔리리라 하시더라
> (26:1–2)

예수님은 자신이 십자가에서 죽을 것을 미리 아셨습니다. 예수님의 십자가 죽음이 우연한 사건이 아니라, 하나님께서 계획하신 일이기 때문입니다. 주목할 점이 있습니다. 이틀이 지나면 유월절이라는 점입니다. 예수님은 다른 날이 아니라 유월절에 죽는 것을 통해, 자신이 유월절 어린양임을 나타낼 것입니다. 모세 시대에 유월절 어린양의 죽음으로 이스라엘 백성들이 구원을 얻었듯이, 유월절 어린양

이신 예수님의 죽음으로 우리는 구원을 얻습니다.

> 내 아버지여 만일 할 만하시거든 이 잔을 내게서 지나가게 하옵소서 그러나 나의
> 원대로 마시옵고 아버지의 원대로 하옵소서 하시고(26:39)

예수님은 참으로 사람이셨기 때문에 우리가 느끼는 감정을 모두 겪으셨습니다. 예수님도 십자가 죽음을 앞두고 두려움과 고통을 느끼셨습니다. 하지만 예수님은 기도를 통해 십자가에 못 박힐 용기를 얻으셨습니다. 예수님의 모습에서 기도의 참된 의미를 배울 수 있습니다. 예수님은 하나님의 뜻에 순종하기 위해서 기도하셨습니다. 이처럼 기도의 본질은 우리의 뜻을 이루는 것이 아니라, 하나님의 뜻을 이루는 것입니다. 우리가 기도하는 목적은 하나님의 뜻에 순종하는 것입니다.

> 대제사장들과 장로들에게 고발을 당하되 아무 대답도 아니하시는지라(27:12)

예수님은 로마 총독 앞에서 재판을 받았습니다. 대제사장은 재판 자리에서 예수님을 모함했습니다. 하지만 예수님은 아무 대답도 하지 않으셨습니다. 아마 예수님께서 적극적으로 자신을 변호했다면, 예수님은 십자에서 처형당하지 않으셨을 것입니다. 그러나 예수님은 아무 말도 하지 않으셨습니다. 십자가에서 죽는 것이 하나님의 뜻이었고, 하나님의 뜻에 순종하는 것이 예수님의 뜻이었기 때문입니다.

> 예수께서 다시 크게 소리 지르시고 영혼이 떠나시니라 이에 성소 휘장이 위로부
> 터 아래까지 찢어져 둘이 되고 땅이 진동하며 바위가 터지고 무덤들이 열리며 자

▌ 던 성도의 몸이 많이 일어나되(27:50–52)

예수님이 십자가에서 죽었을 때, 두 가지 사건이 발생했습니다. 첫째, 성소 휘장이 찢어졌습니다. 이것은 예수님의 죽음을 통해 우리가 하나님께 나아가는 길이 열렸음을 뜻합니다. 둘째, 죽은 자들이 살아났습니다. 이것은 예수님의 죽음을 통해 우리가 죽음의 저주에서 해방되었음을 뜻합니다.

▌ 천사가 여자들에게 말하여 이르되 … 그가 여기 계시지 않고 그가 말씀 하시던 대로 살아나셨느니라(28:5–6)

예수님은 무덤에 계시지 않았습니다. 죽음에서 부활하셨기 때문입니다. 예수님의 부활은 우리의 부활을 예고하는 사건입니다. 우리도 예수님처럼 부활할 것입니다. 그리고 하나님과 함께 영원한 즐거움을 누릴 것입니다.

복음서와 사도행전

묵상

예수님께서 보여 주신 기도의 참된 본질은 무엇입니까?

_____

_____

_____

왜 예수님은 재판 자리에서 자신을 변호하지 않으셨습니까?

_____

_____

_____

기도

하나님, 예수님은 십자가에서 죽기까지 순종하셨습니다. 순종으로 하나님의 뜻을 이루셨습니다. 저희도 하나님의 뜻에 순종하며 살게 해 주세요. 예수님처럼 하나님의 뜻에 기꺼이 순종하게 해 주세요. 예수님의 이름으로 기도합니다. 아멘.

일주일에 한 번,
온 가족 말씀 동행 프로젝트

마가복음

내가 너희로 사람을 낚는 어부가 되게 하리라

마가복음 1-2장 | 찬송가 287장. 예수 앞에 나오면

> 세례 요한이 광야에 이르러 죄 사함을 받게 하는 회개의 세례를 전파하니 온 유대 지방과 예루살렘 사람이 다 나아가 자기 죄를 자복하고 요단 강에서 그에게 세례를 받더라(1:4-5)

세례 요한은 예수님의 오심을 준비하는 사람이었습니다. 세례 요한이 예수님의 오심을 준비한 방법은, 사람들이 자기 죄를 자복하게 하는 것이었습니다. 죄를 회개하는 것은, 하나님의 은혜를 받는 첫 걸음입니다. 우리는 자기 죄를 정직하게 자백하고, 죄를 반복하지 않도록 힘써야 합니다.

복음서와 사도행전

> 갈릴리 해변으로 지나가시다가 시몬과 그 형제 안드레가 바다에 그물 던지는 것
> 을 보시니 그들은 어부라 예수께서 이르시되 나를 따라오라 내가 너희로 사람을
> 낚는 어부가 되게 하리라 하시니 곧 그물을 버려 두고 따르니라(1:16-18)

예수님은 시몬과 안드레를 제자로 부르셨습니다. 사람을 낚는 어부
가 되게 하시려고 시몬과 안드레를 부르셨습니다. 이처럼 하나님은
사람과 함께 일하시고, 사람을 통하여 일하십니다. 하나님의 부르
심에 순종하는 사람, 모든 것을 버리고 하나님을 따를 수 있는 사람,
하나님은 그런 사람을 통하여 하나님의 뜻을 이루십니다.

> 사람들이 한 중풍병자를 네 사람에게 메워 가지고 예수께로 올새 / 예수께서 그
> 들의 믿음을 보시고 중풍병자에게 이르시되 작은 자야 네 죄 사함을 받았느니라
> 하시니(2:3,5)

한 중풍병자가 예수님께 왔습니다. 중풍병자는 예수님이 하나님의
아들이라는 믿음, 그리고 예수님이라면 자신의 병을 고쳐 주신다
는 믿음을 가지고 있었습니다. 이에 예수님은 두 가지를 행하셨습니
다. 첫째, 중풍병자의 죄를 사해 주셨습니다. 둘째, 중풍병자의 병
을 고쳐 주셨습니다. 주목할 점이 있습니다. 병을 고치는 일보다 죄
를 사하는 일을 먼저 하셨다는 점입니다. 이는 육신의 질병보다 영
혼의 질병이 더 심각한 문제라는 것과 죄를 해결하는 것이 더 시급
한 문제라는 사실을 가르쳐 줍니다.

> 또 지나가시다가 알패오의 아들 레위가 세관에 앉아 있는 것을 보시고 그에게 이
> 르시되 나를 따르라 하시니 일어나 따르니라(2:14)

세리는 유대인들에게 거둔 세금을 로마 황제에게 바치던 사람입니

다. 유대인들은 세리를 미워했고, 세리가 예배에 참여하는 것도 금지했습니다. 하지만 예수님은 세리였던 레위를 제자로 부르셨습니다. 어떤 사람이든 예수님을 믿으면 구원받을 수 있고, 어떤 죄라도 예수님을 믿으면 용서받을 수 있기 때문입니다. 바로 이것이 우리가 받은 은혜입니다. 하나님은 우리 같은 죄인들의 죄를 용서하시고, 하나님의 자녀가 되게 하셨습니다.

묵상

왜 예수님은 시몬과 안드레를 제자로 부르셨습니까?

_____

_____

_____

_____

왜 예수님은 육신의 질병보다 영혼의 질병을 먼저 고쳐 주셨습니까?

_____

_____

_____

기도

하나님, 죄의 종이었던 저희를 죄의 권세에서 구원해 주셔서 감사합니다. 예수님을 믿으면 죄를 용서받고 하나님의 자녀가 되는 은혜를 베풀어 주셔서 감사합니다. 이제부터 하나님의 자녀답게 살아가게 해 주세요. 특히 사람을 낚는 어부가 되어 살아가게 해 주세요. 예수님의 이름으로 기도합니다. 아멘.

12주

하나님의 나라를 어떻게 비교하며 또 무슨 비유로 나타낼까

마가복음 3-4장 | 찬송가 19장. 찬송하는 소리 있어

> 예수께서 손 마른 사람에게 이르시되 한 가운데에 일어서라 하시고 … 그 사람에게 이르시되 네 손을 내밀라 하시니 내밀매 그 손이 회복되었더라 바리새인들이 나가서 곧 헤롯당과 함께 어떻게 하여 예수를 죽일까 의논하니라(3:3-6)

바리새인들은 예수님을 죽이려고 했습니다. 예수님께서 안식일에 병자를 고치셨기 때문입니다. 바리새인들은 예수님의 치유 사역을 보고, 예수님이 안식일을 어겼다고 주장했습니다. 하지만 정말 안식일을 어긴 것은 예수님이 아니라 바리새인이었습니다. 생명을 살려야 할 안식일에, 예수님을 죽일 계획을 세우고 있었기 때문입니다.

예수님은 성령을 모독하는 사람은 죄 사함을 얻지 못하고 영원한 심판을 받는다고 하셨습니다. 성령을 모독하는 죄는 성령의 역사를 거부하는 것입니다. 성령의 역사는 예수님을 믿게 하는 것입니다. 따라서 성령을 모독하는 죄란, 예수님을 믿지 않는 것입니다. 예수님을 믿지 않는 사람은 죄 문제를 해결하지 못하고 영원한 심판을 받습니다. 우리는 예수님을 하나님의 아들로, 우리의 구원자로 믿어야 합니다. 성령을 모독하는 죄를 짓지 말아야 합니다.

예수님 주위에는 많은 사람이 있었습니다. 어떤 사람들은 예수님의 말씀을 듣기 위해서 예수님을 따라다녔습니다. 하지만 어떤 사람들은 예수님의 약점을 잡기 위해서 예수님을 따라다녔습니다. 그래서 예수님은 들을 귀 있는 자는 들으라고 하셨습니다. 이것은 바른 마음으로 들으라는 뜻입니다. 예수님께 배우려는 마음, 예수님께 순종하려는 마음으로 들으라는 뜻입니다. 우리도 마찬가지입니다. 하나님을 존경하고 사랑하는 마음으로 말씀을 들어야 합니다. 그래야만 말씀에서 은혜를 얻을 수 있습니다.

▌ 라(4:30–31)

예수님은 하나님의 나라가 겨자씨처럼 작게 시작된다고 하셨습니다. 하지만 결국에는 많은 새들이 찾아오는 큰 나무가 된다고 하셨습니다. 이 말씀처럼 예수님으로 시작된 하나님 나라는 지금 온 세상에 가득합니다. 예수님으로 시작된 교회는 지금 온 세상을 가득 채우고 있습니다. 하나님께서 하시는 일은 처음에는 작아 보입니다. 하지만 결국에는 거대한 열매를 맺습니다.

묵상

왜 바리새인들은 안식일을 어긴 자들입니까?

_____

_____

_____

_____

하나님의 나라는 어떻게 시작됩니까?

_____

_____

_____

_____

기도

하나님, 하나님의 나라는 겨자씨처럼 작게 시작되었습니다. 하지만 지금은 온 세상을 가득 채우고 있습니다. 하나님께서 하시는 일들은 비록 작게 시작할지라도 결국에는 거대한 열매를 맺는다는 사실을 잊지 않게 해 주세요. 아무리 사소해 보일지라도 저희에게 맡기신 일들을 성실히 감당해 낼 수 있게 해 주세요. 예수님의 이름으로 기도합니다. 아멘.

13주

양식이나 배낭이나 전대의 돈이나 아무 것도 가지지 말며

마가복음 5-6장 | 찬송가 393장. 오 신실하신 주

> 예수께서 바다 건너편 거라사인의 지방에 이르러 배에서 나오시매 곧 더러운 귀신 들린 사람이 무덤 사이에서 나와 예수를 만나니라 / 그들이 예수께 그 지방에서 떠나시기를 간구하더라(5:1-2, 17)

예수님은 거라사에서 귀신 들린 사람을 만났습니다. 특이하게도 그 사람 안에는 많은 귀신이 자리 잡고 있었습니다. 예수님은 그 사람의 몸에서 귀신들을 몰아냈습니다. 그러자 귀신들은 돼지에게 들어갔고, 약 2,000마리나 되는 돼지 떼가 몰사당했습니다. 그 모습을 지켜본 거라사 사람들은 예수님을 마을에서 몰아냈습니다. 경제적

인 손해가 두려웠기 때문입니다. 만약 거라사 사람들이 예수님을 환영했다면, 그곳에 하나님의 구원이 임했을 것입니다. 거라사 사람들은 예수님보다 돈을 더 사랑한 결과, 하나님의 구원에서 멀어졌습니다.

> 열두 해를 혈루증으로 앓아 온 한 여자가 있어 많은 의사에게 많은 괴로움을 받았고 가진 것도 다 허비하였으되 아무 효험이 없고 도리어 더 중하여졌던 차에 예수의 소문을 듣고 무리 가운데 끼어 뒤로 와서 그의 옷에 손을 대니 이는 내가 그의 옷에만 손을 대어도 구원을 받으리라 생각함일러라(5:25-28)

무려 12년 동안 심각한 질병으로 고통받은 여인이 있었습니다. 어떤 의사도 그 여인의 질병을 고쳐 주지 못했습니다. 그 여인은 예수님께 마지막 희망을 걸었습니다. 그 여인은 믿음으로 예수님의 옷을 만졌습니다. 그러자 여인의 질병이 깨끗하게 나았습니다. 여인은 12년 동안 고난을 겪었습니다. 하지만 고난을 통해 예수님께 나아가게 되었습니다. 바로 이것이 하나님이 여인에게 고난을 주신 이유였습니다.

> 열두 제자를 부르사 둘씩 둘씩 보내시며 더러운 귀신을 제어하는 권능을 주시고 명하시되 여행을 위하여 지팡이 외에는 양식이나 배낭이나 전대의 돈이나 아무 것도 가지지 말며(6:7-8)

예수님은 열두 제자를 선교지로 파송하셨습니다. 선교지로 떠날 때는 많은 것이 필요합니다. 최소한 먹을 것과 돈과 가방이 있어야 합니다. 그런데 예수님은 제자들을 빈손으로 보내셨습니다. 양식도, 돈도, 가방도 없이 보내셨습니다. 그 이유는 제자들을 훈련하기 위해서였습니다. 제자들은 이 훈련을 통해, 하늘에 계신 하나님께서 자신들을 먹이신다는 사실을 알게 되었습니다. 하나님을 위해서 살아가는 사람의 인생은 하나님께서 책임지신다는 사실을 알게 되었습니다.

> 떡을 먹은 남자는 오천 명이었더라 … 무리를 작별하신 후에 기도하러 산으로 가시니라(6:44-46)

예수님은 오병이어의 기적을 행하셨습니다. 다섯 조각의 빵과 두 마리의 물고기로 5,000명이 넘는 사람들을 먹이셨습니다. 그때 사람들은 예수님께 환호했을 것입니다. 연신 예수님을 칭송했을 것입니다. 중요한 것은 그다음입니다. 예수님은 환호하는 사람들을 뒤로하고, 조용히 기도하러 떠나셨습니다. 예수님은 수많은 사람의 환호보다, 하나님과 일대일로 만나는 것을 더 중요하게 생각하셨습니다.

묵상

여인이 12년 동안 고난을 겪은 이유는 무엇입니까?

왜 예수님은 제자들을 빈손으로 파송하셨습니까?

기도

하나님, 예수님은 제자들을 빈손으로 파송하셨습니다. 하나님
께서 필요한 것들을 공급해 주실 거라고 믿었기 때문입니다.
저희가 하나님을 위해서 살아갈 때, 저희의 필요도 하나님께
서 채워 주실 거라고 믿습니다. 늘 하나님께서 일용할 양식을
공급해 주신다는 믿음을 가지고 살아가게 해 주세요. 예수님
의 이름으로 기도합니다. 아멘.

14주

삼가 바리새인들의 누룩과 헤롯의 누룩을 주의하라

마가복음 7-8장 | 찬송가 382장. 너 근심 걱정 말아라

> 또 이르시되 사람에게서 나오는 그것이 사람을 더럽게 하느니라 속에서 곧 사람의 마음에서 나오는 것은 악한 생각 곧 음란과 도둑질과 살인과 간음과 탐욕과 악독과 속임과 음탕과 질투와 비방과 교만과 우매함이니 이 모든 악한 것이 다 속에서 나와서 사람을 더럽게 하느니라(7:20-23)

바리새인들은 자신들이 정해놓은 규칙을 잘 지켜야 깨끗한 사람이 된다고 주장했습니다. 그런데 예수님의 제자들이 바리새인들의 규칙을 어기자, 바리새인들은 예수님을 비난하기 시작했습니다. 이에 예수님은 마음이 깨끗한 사람이 정말 깨끗한 사람이라고 하셨습니다. 악한 생각을 하지 않는 사람이 정말 깨끗한 사람이라고 하셨습

니다. 우리는 어떤 사람입니까? 우리의 마음은 어떤 생각으로 가득
합니까?

> 예수께서 일어나사 거기를 떠나 두로 지방으로 가서 한 집에 들어가 아무도 모르
> 게 하시려 하나 숨길 수 없더라(7:24)

예수님 당시의 유대인들은 이방인들에게 복음을 전하지 않았습니
다. 이방인들이 더러운 사람이라고 생각했기 때문입니다. 심지어
유대인들은 이방인들이 '지옥의 불쏘시개'라고 주장하기도 했습니
다. 하지만 예수님은 두로 지방에 살고 있던 이방인들을 찾아가셨습
니다. 그곳에 살고 있던 이방인들에게 복음을 전하셨습니다. 그 결
과 많은 이방인들이 예수님을 믿고 거룩한 백성이 되었습니다. 정말
더러운 사람은 예수님을 거부한 유대인들이었습니다.

> 바리새인들이 나와서 예수를 힐난하며 그를 시험하여 하늘로부터 오는 표적을
> 구하거늘(8:11)

바리새인들이 예수님을 찾아왔습니다. 그들은 예수님이 기적을 행
하면, 예수님이 하나님의 아들이심을 믿겠다고 했습니다. 하지만
예수님은 이미 충분한 기적을 행하셨습니다. 예수님이 하나님의 아
들이라는 증거는 이미 충분했습니다. 부족한 것은 예수님의 기적이
아니라, 바리새인들의 믿음이었습니다. 하나님은 우리에게도 충분
한 은혜를 베푸셨습니다. 만약 우리 삶에 불평이 가득하다면, 하나
님의 은혜가 부족한 것이 아니라, 우리의 믿음이 부족한 것입니다.

> 제자들이 떡 가져오기를 잊었으매 배에 떡 한 개밖에 그들에게 없더라 예수께서

제자들은 먹을 것이 부족하다고 걱정했습니다. 그러자 예수님은 제자들이 헤롯을 닮았다고 경고하셨습니다. 제자들은 먹을 것을 걱정할 필요가 없었습니다. 하나님의 아들이신 예수님이 곁에 계셨기 때문입니다. 하나님의 아들이신 예수님이 제자들을 굶기실 리가 없었기 때문입니다. 따라서 제자들은 예수님이 하나님의 아들이라는 믿음이 부족했던 것입니다. 그래서 예수님은 제자들이 헤롯을 닮았다고 하신 것입니다.

묵상

왜 유대인들은 이방인들에게 복음을 전하지 않았습니까?

왜 예수님은 제자들이 헤롯을 닮았다고 하셨습니까?

기도

하나님, 먹을 것이 부족하다고 걱정했던 제자들처럼, 걱정하며 살지 않게 해 주세요. 하나님이 저희의 아버지이심을 믿고, 하나님께서 저희를 돌보고 계심을 믿으며 살아가게 해 주세요. 걱정하며 한숨짓기보다 하나님을 찬양하며 살게 해 주세요. 예수님의 이름으로 기도합니다. 아멘.

첫째가 되고자 하면, 섬기는 자가 되어야 하리라

마가복음 9-10장 | 찬송가 217장. 하나님이 말씀하시기를

> 집에 들어가시매 제자들이 조용히 묻자오되 우리는 어찌하여 능히 그 귀신을 쫓
> 아내지 못하였나이까 이르시되 기도 외에 다른 것으로는 이런 종류가 나갈 수 없
> 느니라 하시니라(9:28-29)

귀신 들린 아이가 있었습니다. 아이의 아버지는 예수님의 제자들을 찾아갔습니다. 하지만 제자들은 귀신을 쫓아내지 못했습니다. 왜 제자들은 귀신을 쫓아내지 못했을까요? 제자들에게 믿음이 부족했기 때문입니다. 예수님이 하나님의 아들이라는 믿음이 부족했고, 믿음이 부족했기에 기도하지 않았습니다. 우리는 하나님이 천지의 창조주임을 믿습니까? 믿는 사람은 기도할 것이고, 기도하는 사람

은 어려움을 극복할 것입니다.

> 가버나움에 이르러 집에 계실새 제자들에게 물으시되 너희가 길에서 서로 토론
> 한 것이 무엇이냐 하시되 그들이 잠잠하니 이는 길에서 서로 누가 크냐 하고 쟁론
> 하였음이라(9:33-34)

제자들은 열심히 토론했습니다. 토론의 주제는 "우리 중에 누가 가장 큰 사람인가?"였습니다. 이처럼 제자들의 목표는 일인자가 되는 것이었습니다. 가장 높은 자리에 오르는 것이었습니다. 제자들은 거룩한 척 예수님을 따르고 있었지만, 사실 그들의 마음에는 아직도 더러운 욕망이 가득했습니다.

> 예수께서 앉으사 열두 제자를 불러서 이르시되 누구든지 첫째가 되고자 하면 뭇
> 사람의 끝이 되며 뭇사람을 섬기는 자가 되어야 하리라(9:35)

예수님은 제자들에게 누가 큰 사람인지 가르쳐 주셨습니다. 예수님은 가장 낮은 곳에서 섬기는 사람이 가장 큰 사람이라고 하셨습니다. 이 말은 가장 작은 자를 섬기는 사람이 되어야 한다는 뜻입니다. 나보다 아래에 있는 사람을 섬기는 사람이 되어야 한다는 뜻입니다. 가장 작은 자를 섬기는 사람, 나보다 아래에 있는 사람을 섬기는 사람. 하나님이 보시기에는 그 사람이 가장 큰 사람입니다.

> 창조 때로부터 사람을 남자와 여자로 지으셨으니 이러므로 사람이 그 부모를 떠
> 나서 그 둘이 한 몸이 될지니라 이러한즉 이제 둘이 아니요 한 몸이니 그러므로
> 하나님이 짝지어 주신 것을 사람이 나누지 못할지니라 하시더라(10:6-9)

사람들은 쉽게 이혼합니다. 하지만 예수님은 이혼을 금지하셨습니

다. 결혼 제도를 만드신 분은 하나님이시고, 결혼한 사람들은 하나님 보시기에 두 사람이 아니라 한 사람이기 때문입니다. 따라서 이혼은 하나님께 죄를 짓는 일입니다. 그러므로 우리는 연애와 결혼을 할 때 신중해야 합니다. 믿음 있는 사람과 연애해야 하고, 거룩한 사람과 결혼해야 합니다. 그래야 두 사람이 아닌 한 사람으로 평생을 살 수 있습니다.

묵상

왜 제자들은 귀신을 쫓아내지 못했습니까?

하나님 보시기에 큰 사람은 어떤 사람입니까?

기도

하나님, 세상 사람들은 섬김받기를 좋아합니다. 하지만 저희
는 낮은 자리에서 섬기며 살기를 원합니다. 내가 속한 곳에서
가장 작은 자를 섬기고, 나보다 아래에 있는 자를 섬기며 살아
가게 해 주세요. 그 사람을 위해 기도하며, 어떤 어려움도 함께
극복해 나갈 수 있게 해 주세요. 예수님의 이름으로 기도합니
다. 아멘.

16주

예수께서 성전에 들어가사
성전 안에서 매매하는 자들을 내쫓으시며

마가복음 11-12장 | 찬송가 54장. 주여 복을 구하오니

> 이튿날 그들이 베다니에서 나왔을 때에 예수께서 시장하신지라 멀리서 잎사귀
> 있는 한 무화과나무를 보시고 혹 그 나무에 무엇이 있을까 하여 가셨더니 가서 보
> 신즉 잎사귀 외에 아무것도 없더라 이는 무화과의 때가 아님이라 예수께서 나무
> 에게 말씀하여 이르시되 이제부터 영원토록 사람이 네게서 열매를 따 먹지 못하
> 리라 하시니 제자들이 이를 듣더라(11:12-14)

예수님은 무화과나무를 저주하셨습니다. 무화과나무에 열매가 없
었기 때문입니다. 열매 없는 무화과나무는 이스라엘을 상징합니다.
당시 이스라엘 백성들은 예수님을 하나님의 아들로 믿지 않았습니다. 심지어 이스라엘의 지도자들은 예수님을 죽일 기회만 노리고 있었습니다. 예수님은 무화과나무를 저주하심으로써, 예수님을 영접하지 않은 자들이 형벌받을 것을 예고하셨습니다.

> 그들이 예루살렘에 들어가니라 예수께서 성전에 들어가사 성전 안에서 매매하는 자들을 내쫓으시며 돈 바꾸는 자들의 상과 비둘기 파는 자들의 의자를 둘러엎으시며 아무나 물건을 가지고 성전 안으로 지나다님을 허락하지 아니하시고(11:15-16)

예수님은 성전에서 장사하는 사람들을 추방하셨습니다. 그들이 거룩한 성전을 장사하는 장소로 바꾸어 버렸기 때문입니다. 이 시대의 성전은 우리의 몸입니다. 성령 하나님께서 우리 몸에 거하시기 때문입니다. "너희는 너희가 하나님의 성전인 것과 하나님의 성령이 너희 안에 계시는 것을 알지 못하느냐"(고전 3:16). 그러므로 우리는 몸을 거룩하게 해야 합니다. 몸으로 죄를 짓지 않아야 합니다. 거룩한 것을 보고, 거룩한 것을 행해야 합니다. 몸으로 악을 행하는 것은 하나님의 성전을 더럽히는 일입니다.

> 가이사에게 세금을 바치는 것이 옳으니이까 옳지 아니하니이까 … 이에 예수께서 이르시되 가이사의 것은 가이사에게, 하나님의 것은 하나님께 바치라(12:14-17)

이스라엘 지도자들이 로마 정부에 세금을 내는 것이 올바른 일인지를 물었습니다. 이때 예수님은 "황제의 것은 황제에게, 하나님의 것은 하나님께 바치라"라고 하셨습니다. 이 말씀은 다음과 같은 뜻입니다. 첫째, 정부에 세금을 내는 것은 올바른 일이다. 둘째, 정부에 세금을 내는 것은 곧 하나님께 바치는 일이다. 예수님께서 이렇게 대답하신 이유는 국가와 정부를 만드신 분이 하나님이시기 때문입니다. 국가는 우리가 낸 세금을 통해 운영되고, 하나님은 국가를 통해 일하십니다.

> 여러 부자는 많이 넣는데 한 가난한 과부는 와서 두 렙돈 곧 한 고드란트를 넣는지라 예수께서 제자들을 불러다가 이르시되 내가 진실로 너희에게 이르노니 이 가난한 과부는 헌금함에 넣는 모든 사람보다 많이 넣었도다 그들은 다 그 풍족한 중에서 넣었거니와 이 과부는 그 가난한 중에서 자기의 모든 소유 곧 생활비 전부를 넣었느니라 하시니라(12:41-44)

한 여인이 적은 금액을 헌금했습니다. 예수님은 그 여인을 칭찬하셨습니다. 적은 금액이지만, 여인의 전 재산이었기 때문입니다. 여기서 두 가지를 알 수 있습니다. 첫째, 하나님은 우리가 헌금하는 것을 아십니다. 둘째, 하나님은 우리가 어떤 마음으로 헌금하는지 아십니다.

묵상

열매 없는 무화과나무는 누구를 상징합니까?

_____

_____

_____

왜 예수님은 성전에서 장사하는 사람들을 추방하셨습니까?

_____

_____

_____

기도

하나님, 전 재산을 헌금한 여인처럼 살기를 소망합니다. 저희
에게 주어진 모든 시간을 하나님을 위해 살고, 저희에게 주어
진 모든 재능을 하나님을 위해 사용하는 사람이 되게 해 주세
요. 전심으로 하나님을 예배하는 삶 살게 해 주세요. 예수님의
이름으로 기도합니다. 아멘.

돌 하나도 돌 위에 남지 않고 다 무너뜨려지리라

마가복음 13-14장 | 찬송가 96장. 예수님은 누구신가

> 예수께서 성전에서 나가실 때에 제자 중 하나가 이르되 선생님이여 보소서 이 돌
> 들이 어떠하며 이 건물들이 어떠하니이까 예수께서 이르시되 네가 이 큰 건물들
> 을 보느냐 돌 하나도 돌 위에 남지 않고 다 무너뜨려지리라 하시니라(13:1-2)

유대인들은 성전을 자랑스럽게 생각했습니다. 제자들도 마찬가지
였습니다. 하지만 예수님은 장차 성전이 무너질 것이라고 하셨습니
다. 예수님께서 성전을 저주하신 이유는 성전에서 참된 예배가 드려
지지 않았기 때문입니다. 당시 성전은 장사하는 사람들로 가득했습
니다. 사람들의 욕심이 성전을 가득 채우고 있었습니다.

> 너희는 스스로 조심하라 사람들이 너희를 공회에 넘겨 주겠고 너희를 회당에서 매질하겠으며 나로 말미암아 너희가 권력자들과 임금들 앞에 서리니 이는 그들에게 증거가 되려 함이라 또 복음이 먼저 만국에 전파되어야 할 것이니라(13:9-10)

제자들은 예수님께 최후의 심판이 언제인지 물었습니다. 예수님은 제자들의 질문에 대답하지 않으셨습니다. 대신 최후의 심판 때까지 어떻게 살아야 하는지를 알려 주셨습니다. 첫째, 성도들은 하나님 때문에 당하는 고난을 참아야 합니다. 세상은 하나님의 백성들을 좋아하지 않습니다. 그럴지라도 우리는 절대 믿음을 버리지 말아야 합니다. 둘째, 온 세상에 복음을 전하기 위해 노력해야 합니다. 종말이 언제인지는 아무도 알 수 없습니다. 하지만 종말은 반드시 올 것입니다. 우리는 그때까지 복음을 전하며 살기 위해 최선을 다해야 합니다.

> 예수께서 베다니 나병 환자 시몬의 집에서 식사하실 때에 한 여자가 매우 값진 향유 곧 순전한 나드 한 옥합을 가지고 와서 그 옥합을 깨뜨려 예수의 머리에 부으니 어떤 사람들이 화를 내어 서로 말하되 어찌하여 이 향유를 허비하는가(14:3-4)

한 여자가 예수님의 몸에 향유를 부었습니다. 향유는 오늘날 향수와 같은 것인데, 당시에는 값이 매우 비쌌습니다. 여인이 예수님의 몸에 부은 향유는 대략 2,000만 원의 가치를 가지고 있었습니다. 그 광경을 본 사람들은 여인이 돈을 낭비했다고 비난했지만, 예수님은 여인을 칭찬하셨습니다. 여인이 비싼 향유를 예수님께 부었던 것은, 예수님을 하나님의 아들로 믿었기 때문입니다. 그렇기에 아무리 비싼 향유라도 아깝지 않았던 것입니다.

> 베드로와 야고보와 요한을 데리고 가실새 심히 놀라시며 슬퍼하사 말씀하시되 내 마음이 심히 고민하여 죽게 되었으니 너희는 여기 머물러 깨어 있으라 하시고 (14:33-34)

예수님은 십자가 죽음을 앞두고 기도하러 가셨습니다. 예수님은 세 명의 제자를 함께 데리고 가셨습니다. 세 명의 제자가 예수님을 위해 중보 기도하기를 원하셨기 때문입니다. 이것은 중보 기도가 얼마나 중요한지 보여 주는 장면입니다. 예수님도 제자들의 중보 기도가 필요했다면, 우리 역시 중보 기도가 필요합니다. 우리는 다른 사람들을 위해서 기도해 주어야 하고, 다른 사람들에게 중보 기도를 부탁해야 합니다.

묵상

왜 예수님은 성전을 저주하셨습니까?

_____

_____

_____

성도들은 최후의 심판 때까지 어떻게 살아야 합니까?

_____

_____

_____

_____

기도

하나님, 최후의 심판이 있음을 기억하며 살기를 원합니다. 어떤 어려움이 있어도, 어떤 고난이 다가와도 믿음을 잃지 않고 최선을 다해 복음을 전하며 살게 해 주세요. 예수님의 이름으로 기도합니다. 아멘.

18주

하늘로 올려지사 하나님 우편에 앉으시니라

마가복음 15–16장 | 찬송가 161장. 할렐루야 우리 예수

> 예수에게 자색 옷을 입히고 가시관을 엮어 씌우고 경례하여 이르되 유대인의 왕이여 평안할지어다 하고 갈대로 그의 머리를 치며 침을 뱉으며 꿇어 절하더라 희롱을 다 한 후 자색 옷을 벗기고 도로 그의 옷을 입히고 십자가에 못 박으려고 끌고 나가니라(15:17–20)

종교 지도자들은 예수님을 고발했습니다. 로마 군인들은 예수님을 조롱했습니다. 빌라도는 예수님을 십자가에 못 박았습니다. 예수님이 당하신 고난은 우리 대신 당하신 고난입니다. 예수님이 받으신 저주는 우리 대신 받으신 저주입니다. 예수님께서 우리 대신 죽으셨기에 우리가 생명을 얻고, 예수님께서 우리 대신 저주를 받으셨기에

우리가 구원을 얻습니다.

> 때가 제삼시가 되어 십자가에 못 박으니라 그 위에 있는 죄패에 유대인의 왕이라 썼고 강도 둘을 예수와 함께 십자가에 못 박으니 하나는 그의 우편에, 하나는 좌편에 있더라(15:25-27)

예수님의 좌우편에는 강도들이 있었습니다. 예수님은 강도들과 함께 십자가에 달리셨습니다. 예수님은 강도 취급을 받으셨습니다. 이처럼 십자가는 수치스럽고 부끄러운 자리였습니다. 예수님께서 수치와 부끄러움을 당하신 이유는 우리를 사랑하셨기 때문입니다. 예수님께서 십자가에 달리셔야만 우리가 구원을 얻기 때문입니다.

> 안식일이 지나매 막달라 마리아와 야고보의 어머니 마리아와 또 살로메가 가서 예수께 바르기 위하여 향품을 사다 두었다가 안식 후 첫날 매우 일찍이 해 돋을 때에 그 무덤으로 가며(16:1-2)

예수님이 십자가에서 죽으신 지 3일이 지났습니다. 세 여인은 예수님의 시체에 향품을 바르기 위해 예수님의 무덤으로 향했습니다. 이 것은 아주 어리석은 일이었습니다. 예수님은 자신이 부활할 것이고, 부활한 다음에는 갈릴리로 가신다고 하셨기 때문입니다. "내가 살아난 후에 너희보다 먼저 갈릴리로 가리라"(마 26:2). 따라서 세 여인은 무덤이 아니라 갈릴리로 갔어야 합니다.

> 주 예수께서 말씀을 마치신 후에 하늘로 올려지사 하나님 우편에 앉으시니라 (16:19)

예수님은 부활하셨을 뿐만 아니라, 하늘로 올려지셨습니다. 예수님은 하늘로 올라가셔서 성부 하나님의 오른편에 앉으셨습니다. 이것은 예수님이 실제로 성부 하나님 오른쪽에 앉아 계신다는 뜻이 아닙니다. 예수님이 성부 하나님과 함께 온 세상을 통치하신다는 뜻입니다. 우리를 위해 이 땅에 내려오시고, 우리를 위해 십자가에서 죽으신 예수님은 이제 하늘에서 온 세상을 통치하고 계십니다. 우리의 주님이 바로 온 세상의 왕이십니다.

묵상

세 여인이 가야 하는 장소는 무덤이 아니라 어디입니까?

_____

_____

_____

예수님이 하나님 오른편에 계신다는 말은 어떤 뜻입니까?

_____

_____

_____

기도

하나님, 예수님께서 죽으셨다는 것뿐만이 아니라, 예수님께서 부활하셨음도 저희가 믿게 해 주세요. 죽음을 이기신 예수님의 부활을 온 세상에 전파하는 부활의 증인으로 살아가게 해 주세요. 예수님의 이름으로 기도합니다. 아멘.

일주일에 한 번,
온 가족 말씀 동행 프로젝트

누가복음

19주

이 두 사람이 하나님 앞에 의인이니

누가복음 1–2장 | 찬송가 425장. 주님의 뜻을 이루소서

> 유대 왕 헤롯 때에 아비야 반열에 제사장 한 사람이 있었으니 이름은 사가랴요 그의 아내는 아론의 자손이니 이름은 엘리사벳이라 이 두 사람이 하나님 앞에 의인이니 주의 모든 계명과 규례대로 흠이 없이 행하더라 엘리사벳이 잉태를 못하므로 그들에게 자식이 없고 두 사람의 나이가 많더라(1:5–7)

사가랴와 엘리사벳은 슬픈 시대를 살았습니다. 당시 이스라엘은 로마의 식민지였고, 이스라엘의 왕은 폭군으로 유명한 헤롯이었습니다. 사가랴와 엘리사벳에게는 개인적인 아픔도 있었습니다. 두 사람은 나이가 많도록 자식이 없었습니다. 하지만 두 사람은 철저하게 하나님의 계명에 순종했습니다. 그들은 하나님 보시기에 의로운 삶

을 살았습니다.

천사가 사가랴를 찾아왔습니다. 천사는 하나님께서 사가랴의 가정에 아들을 주실 것이라고 말했습니다. 천사는 아들의 이름을 요한으로 지으라고 말했습니다. 이 아들이 바로 그 유명한 세례 요한입니다. 예수님의 오심을 준비한 바로 그 사람입니다. 하나님은 거룩한 사가랴의 가정에서 세례 요한이 출생하게 하셨습니다. 하나님은 거룩한 사람들을 통해, 하나님의 뜻을 이루셨습니다.

천사가 마리아를 찾아갔습니다. 천사는 마리아가 예수님을 출생할 것이라고 말했습니다. 놀랍게도 마리아는 나사렛 사람이었습니다. 나사렛은 가난한 사람들이 모여 사는 마을이었습니다. 하지만 마리아는 거룩한 여성이었고, 하나님의 뜻에 순종하는 여성이었습니다. 이처럼 하나님은 특별한 사람들이 아니라, 하나님께 순종하는 보통 사람들을 통해 하나님의 뜻을 이루십니다.

미가 선지자는 예수님이 베들레헴에서 출생할 것이라고 예언했습니다. 당시 예수님을 임신한 마리아는 나사렛에서 살고 있었습니다. 하나님은 미가 선지자의 예언을 이루기 위해서, 나사렛에 살고 있던 마리아를 베들레헴으로 보내셨습니다. 하나님은 마리아를 베들레헴으로 보내기 위해서 로마 황제를 사용하셨습니다. 로마 황제는 세금 징수를 위해 사람들을 고향으로 돌려보냈지만, 하나님은 그것을 통해 미가 선지자의 예언을 이루셨습니다. 로마 황제조차도 하나님의 도구에 지나지 않았습니다.

묵상

사가랴와 엘리사벳은 어떤 사람이었습니까?

_____

_____

_____

하나님은 어떤 사람들을 통해서 하나님의 뜻을 이루십니까?

_____

_____

_____

_____

기도

하나님, 하나님은 거룩하게 살아가는 보통 사람들을 통해서 하나님의 뜻을 이루셨습니다. 저희도 하나님께 쓰임받기를 원합니다. 하나님의 일꾼으로 살아가게 해 주세요. 저희를 통해 하나님의 뜻이 이루어지게 해 주세요. 예수님의 이름으로 기도합니다. 아멘.

20주

예수께서 성령의 충만함을 입어 요단강에서 돌아오사

누가복음 3-4장 | 찬송가 38장. 예수 우리 왕이여

> 모든 사람들이 요한을 혹 그리스도신가 심중에 생각하니 요한이 모든 사람에게 대답하여 이르되 … 나는 그의 신발끈을 풀기도 감당하지 못하겠노라(3:15-16)

백성들은 요한을 그리스도라고 생각했습니다. 만약 요한이 그리스도처럼 행동했다면, 요한은 큰 인기를 얻었을 것입니다. 하지만 요한은 예수님이 받아야 할 영광을 도둑질하지 않았습니다. 요한은 자신이 그리스도가 아니라고 선언했습니다. 요한은 자신의 위치를 잘 알고 있었습니다. 우리도 요한을 본받아야 합니다. 우리는 하나님의 백성입니다. 우리는 왕이신 하나님께 복종해야 합니다. 그것이 우리의 위치입니다.

복음서와 사도행전

> 예수께서 가르치심을 시작하실 때에 삼십 세쯤 되시니라 사람들이 아는 대로는
> 요셉의 아들이니 요셉의 위는 헬리요 … 그 위는 에노스요 그 위는 셋이요 그 위
> 는 아담이요 그 위는 하나님이시니라(3:23-38)

누가복음의 저자인 누가는 예수님의 족보를 소개합니다. 족보에 기록된 사람들은 소설의 주인공이 아닙니다. 족보에 기록된 사람들은 역사 속에 실제로 존재한 사람들입니다. 따라서 예수님의 족보는 예수님이 실제 역사 속에 존재한 인물임을 보여 줍니다. 어떤 사람들의 주장처럼 예수님은 허구의 인물이 아닙니다. 예수님은 만들어 낸 존재가 아닙니다. 예수님은 실제로 존재한 분입니다. 예수님의 탄생과 죽음과 부활은 실제로 있었던 역사적 사실입니다.

> 예수께서 성령의 충만함을 입어 요단강에서 돌아오사 광야에서 사십 일 동안 성
> 령에게 이끌리시며 마귀에게 시험을 받으시더라 이 모든 날에 아무것도 잡수시
> 지 아니하시니 날 수가 다하매 주리신지라(4:1-2)

예수님은 광야에서 지낸 40일 동안 아무것도 먹지 못했습니다. 예수님의 몸은 매우 허약해졌습니다. 예수님의 육신은 마귀의 시험에 넘어가기 쉬운 상태였습니다. 하지만 예수님은 마귀의 시험에 넘어가지 않았습니다. 육신은 허약한 상태였지만, 영혼은 성령으로 충만했기 때문입니다. 예수님은 성령으로 충만했기 때문에, 사탄의 유혹을 이길 수 있었습니다.

> 예수께서 성령의 능력으로 갈릴리에 돌아가시니 그 소문이 사방에 퍼졌고 친히
> 그 여러 회당에서 가르치시매 뭇사람에게 칭송을 받으시더라(4:14-15)

예수님은 사탄과 싸우신 후, 갈릴리로 돌아오셨습니다. 중요한 것

은 예수님께서 갈릴리 사역을 시작하실 때도 성령으로 충만하셨다는 점입니다. 예수님께서 사탄의 시험을 이기신 것도 성령으로 충만하셨기 때문이고, 예수님께서 성공적으로 사역하신 것도 성령으로 충만하셨기 때문입니다. 우리도 마찬가지입니다. 타락한 세상에서 거룩하게 살아가려면, 반드시 성령으로 충만해야 합니다. 성령으로 충만하기 위해서는 반드시 세 가지를 지켜야 합니다. 첫째, 영적인 양식인 성경을 묵상해야 합니다. 둘째, 성령으로 충만하기를 기도해야 합니다. 셋째, 죄를 지어 성령님을 슬프게 하는 일이 없어야 합니다.

묵상

사람들은 요한이 누구라고 생각했습니까?

요한은 자신이 누구라고 말했습니까?

예수님의 족보가 의미하는 것은 무엇입니까?

기도

하나님, 하나님의 영광을 도둑질하지 않고 자신의 위치를 잘
지킨 요한처럼, 저희도 저희의 위치를 잘 지키길 원합니다. 하
나님 자녀의 위치, 하나님 백성의 위치를 잘 지키며 살아가게
해 주세요. 타락한 세상에서 성령으로 충만하여 시험을 이기
며 거룩하게 살게 해 주세요. 예수님의 이름으로 기도합니다.
아멘.

21주

모든 것을 버려 두고 예수를 따르니라

누가복음 5-6장 | 찬송가 50장. 내게 있는 모든 것을

> 세베대의 아들로서 시몬의 동업자인 야고보와 요한도 놀랐음이라 예수께서 시몬
> 에게 이르시되 무서워하지 말라 이제 후로는 네가 사람을 취하리라 하시니 그들
> 이 배들을 육지에 대고 모든 것을 버려 두고 예수를 따르니라(5:10-11)

베드로와 동료들은 물고기를 잡고 있었습니다. 예수님은 그들을 제
자로 부르셨습니다. 당시에는 제자가 되기 위해서 스승을 항상 따라
다녀야 했습니다. 베드로와 동료들이 예수님의 제자가 되기 위해서
는 모든 것을 버려야 했습니다. 베드로와 동료들은 예수님의 제자가
되기로 결심했습니다. 베드로와 동료들은 모든 것을 버리고 예수님
을 따랐습니다. 바로 이것이 제자의 삶입니다. 우리는 하나님을 위

해서 어떤 것이든 포기할 자세가 되어 있어야 합니다.

> 예수께서 한 동네에 계실 때에 온몸에 나병 들린 사람이 있어 예수를 보고 엎드려 구하여 이르되 주여 원하시면 나를 깨끗하게 하실 수 있나이다 하니 예수께서 손을 내밀어 그에게 대시며 이르시되 내가 원하노니 깨끗함을 받으라 하신대 나병이 곧 떠나니라(5:12–13)

나병 환자가 예수님을 찾아왔습니다. 나병 환자는 예수님께 병을 고쳐 달라고 말하지 않았습니다. 대신 자신을 깨끗하게 해 달라고 부탁했습니다. 나병 환자는 부정한 존재여서 이웃과 함께 살 수 없었고, 심지어 가족 곁에 있을 수도 없었습니다. 그래서 나병 환자는 마을 밖에서 살아야 했습니다. 그래서 그는 예수님께 자신을 깨끗하게 해 달라고 부탁했던 것입니다. 예수님은 나병 환자의 병을 고치셔서, 그를 깨끗하게 하셨습니다. 이 사건은 우리를 거룩하게 하는 능력이 예수님께 있음을 보여 줍니다. 예수님을 믿는 사람은 부정한 사람이 아니라 거룩한 사람입니다. 하나님은 예수님을 믿는 자들을 의롭다고 여기십니다.

> 또 이르시되 인자는 안식일의 주인이니라 하시더라(6:5)

예수님 당시에는 안식일을 지키기가 아주 어려웠습니다. 바리새인들이 성경에도 없는 안식일 규칙을 여럿 만들었기 때문입니다. 심지어 바리새인들은 예수님을 향해서도 안식일을 어기고 있다고 비판했습니다. 이에 예수님은 "인자는 안식일의 주인이니라"라고 하셨습니다. 안식일을 지키는 방법은 사람이 아니라, 하나님께서 정하신다는 뜻입니다. 사람의 뜻이 아니라, 하나님의 뜻대로 안식일을 지켜야 한다는 뜻입니다. 우리는 안식일을 어떻게 지키고 있습니까? 우리는 하나님의 뜻대로 주일을 지키고 있습니까?

> 이때에 예수께서 기도하시러 산으로 가사 밤이 새도록 하나님께 기도하시고 밝으매 그 제자들을 부르사 그중에서 열둘을 택하여 사도라 칭하셨으니(6:12-13)

예수님은 밤이 새도록 기도하셨습니다. 예수님께서 밤이 새도록 기도하신 이유는 다음 날 중요한 일이 있었기 때문입니다. 그 일은 바로 열두 제자를 세우는 일이었습니다. 예수님도 중요한 일을 앞두고 기도하셨다면, 우리는 얼마나 기도해야 할까요? 우리 역시 밤이 새도록 기도하신 예수님을 본받아야 합니다.

묵상

베드로와 동료들은 예수님의 제자가 되기 위해 무엇을 버렸습니까?

하나님을 위해서라면 무엇이든 포기할 수 있습니까?

기도

하나님, 베드로와 동료들은 모든 것을 버리고 예수님을 따랐습니다. 예수님의 제자가 되기 위해서 모든 것을 버렸습니다. 저희도 예수님의 제자로 살아가기를 원합니다. 나의 주님 되신 예수님을 따르기 원합니다. 예수님의 참된 제자가 되게 해 주세요. 예수님을 위해서라면 무엇이든 포기할 수 있는 사람이 되게 해 주세요. 예수님의 이름으로 기도합니다. 아멘.

내 어머니와 내 동생들은 곧 하나님의 말씀을 듣고 행하는 이 사람들이라

누가복음 7-8장 | 찬송가 300장. 내 맘이 낙심되며

> 성문에 가까이 이르실 때에 사람들이 한 죽은 자를 메고 나오니 이는 한 어머니의 독자요 그의 어머니는 과부라 그 성의 많은 사람도 그와 함께 나오거늘 주께서 과부를 보시고 불쌍히 여기사 울지 말라 하시고(7:12-13)

예수님은 죽은 자를 메고 나오는 사람들과 마주쳤습니다. 죽은 자는 한 어머니의 독자였고, 그 어머니는 과부였습니다. 예수님은 그 여인을 불쌍히 여기셨습니다. 예수님은 여인의 고통과 슬픔을 함께 아파하셨습니다. 하나님은 우리의 고통과 슬픔도 아십니다. 하나님은 우리의 고통과 슬픔도 함께하십니다. 우리는 혼자서 괴로워해서는

안 됩니다. 우리의 고통과 슬픔을 하나님께 말씀드려야 합니다.

> 씨를 뿌리는 자가 그 씨를 뿌리러 나가서 뿌릴새 더러는 길가에 떨어지매 밟히며
> 공중의 새들이 먹어버렸고 더러는 바위 위에 떨어지매 싹이 났다가 습기가 없으
> 므로 말랐고 더러는 가시 떨기 속에 떨어지매 가시가 함께 자라서 기운을 막았고
> 더러는 좋은 땅에 떨어지매 나서 백 배의 결실을 하였느니라(8:5-8)

예수님은 네 가지 밭에 대해 말씀하셨습니다. 길가, 바위 위, 가시
떨기 속은 나쁜 밭입니다. 이런 밭은 열매를 맺지 못합니다. 좋은 땅
은 좋은 밭입니다. 이런 밭은 많은 열매를 맺습니다. 밭은 사람의 마
음을 의미하고, 씨는 하나님의 말씀을 의미합니다. 똑같은 말씀을
들어도, 마음의 상태에 따라 다른 열매를 맺습니다. 우리의 마음은
어떠합니까? 하나님을 사랑하고 신뢰하는 마음입니까? 아니면 하
나님을 불신하고 불평하는 마음입니까? 열매 맺는 삶을 살기 위해
서는 먼저 우리의 마음을 바꾸어야 합니다.

> 예수의 어머니와 그 동생들이 왔으나 무리로 인하여 가까이 하지 못하니 어떤 이
> 가 알리되 당신의 어머니와 동생들이 당신을 보려고 밖에 서 있나이다 예수께서
> 대답하여 이르시되 내 어머니와 내 동생들은 곧 하나님의 말씀을 듣고 행하는 이
> 사람들이라 하시니라(8:19-21)

예수님의 어머니와 동생들이 예수님을 찾아왔습니다. 예수님이 미
친 줄 알고 데려가려고 한 것입니다. 그래서 예수님은 그들을 만나
주지 않았습니다. 대신 예수님은 하나님의 말씀을 듣고 행하는 자들
이 진정한 가족이라고 하셨습니다. 하나님의 말씀을 듣고 행하는 자
들은 교회를 의미합니다. 예수님의 말씀처럼 교회는 새로운 가족입

니다. 교회는 하나님을 아버지로 하는 영적인 가족입니다. 우리는 교회 공동체를 가족으로 여기고 사랑해야 합니다.

> 그들이 갈릴리 맞은편 거라사인의 땅에 이르러 예수께서 육지에 내리시매 그 도시 사람으로서 귀신 들린 자 하나가 예수를 만나니 그 사람은 오래 옷을 입지 아니하며 집에 거하지도 아니하고 무덤 사이에 거하는 자라(8:26-27)

예수님은 거라사 지방으로 가셨습니다. 그곳에서 귀신 들린 사람을 만나셨습니다. 그 사람은 귀신 때문에 오랫동안 고통을 받았습니다. 예수님은 그 사람에게서 귀신을 내쫓으시고, 구원을 선물해 주셨습니다. 우리도 마찬가지입니다. 하나님은 우리를 사탄의 권세에서 해방시키시고, 구원을 선물로 주셨습니다. 우리가 사탄의 권세에서 해방된 것은 전적으로 하나님의 은혜입니다.

묵상

예수님은 어떤 사람이 예수님의 가족이라고 하셨습니까?

_____

_____

_____

우리는 교회 공동체를 가족으로 여기고 사랑합니까?

_____

_____

_____

기도

하나님, 교회는 하나님의 가족입니다. 교회는 하나님을 아버지로 하는 영적인 가족입니다. 그러므로 저희가 교회를 사랑하게 해 주세요. 교회의 지체들을 진심으로 사랑하게 해 주세요. 저희 교회가 더욱더 사랑이 넘치는 가족 공동체가 되게 해 주세요. 예수님의 이름으로 기도합니다. 아멘.

23주

이르시되 여행을 위하여 아무것도 가지지 말라

누가복음 9-10장 | 찬송가 94장. 주 예수보다 더 귀한 것은 없네

> 이르시되 여행을 위하여 아무것도 가지지 말라 지팡이나 배낭이나 양식이나 돈
> 이나 두 벌 옷을 가지지 말며(9:3)

예수님은 제자들을 선교사로 파송하셨습니다. 제자들은 예수님의 파송을 받아 선교 여행을 떠났습니다. 예수님은 특별한 명령을 하셨습니다. 배낭, 양식, 돈, 옷을 가지지 말고 선교 여행을 떠나라고 하셨습니다. 가장 기본적이고 필수적인 것도 없이 떠나라고 하셨습니다. 예수님께서 그렇게 명령하신 이유는 무엇일까요? 하나님께서 제자들을 보호하시고, 하나님께서 제자들을 책임져 주실 것이기 때문입니다. 우리가 하나님을 섬길 때, 하나님은 우리를 보호해 주십

니다. 우리가 하나님을 위해 일할 때, 하나님은 우리를 책임져 주십니다.

> 무리가 알고 따라왔거늘 예수께서 그들을 영접하사 하나님 나라의 일을 이야기 하시며 병 고칠 자들은 고치시더라(9:11)

제자들이 선교 여행을 마치고 돌아왔습니다. 제자들은 선교 여행으로 인해 몸과 마음이 지친 상태였습니다. 예수님은 제자들과 함께 쉬기 위해 한적한 곳으로 떠났습니다. 그런데 그것을 무리가 알고 따라왔습니다. 예수님과 제자들은 쉴 수 없게 되었습니다. 화가 날 수 있는 상황입니다. 하지만 예수님과 제자들은 무리에게 화를 내지 않았습니다. 오히려 그들을 고쳐 주시고, 그들에게 복음을 가르쳐 주셨습니다. 바로 이것이 이웃을 사랑하는 삶입니다. 사랑은 곧 희생입니다. 희생하지 않고 사랑할 수 없습니다. 예수님과 제자들은 자신을 희생함으로써, 이웃 사랑을 실천했습니다.

> 어느 집에 들어가든지 먼저 말하되 이 집이 평안할지어다 하라(10:5)

제자들은 복음을 전할 때, 가정 먼저 "이 집이 평안할지어다"라는 말을 해야 했습니다. 그 이유는 예수님을 믿는 집에 평안함이 임하기 때문입니다. 예수님을 믿는 가정에 참된 행복이 임하기 때문입니다. 돈이 많아도 예수님이 없는 집은 가난한 집입니다. 가진 것이 많아도 복음이 없는 가정은 불행한 가정입니다. 우리는 예수님을 믿음으로써, 영적으로 부요한 집이 될 수 있습니다. 우리는 예수님의 제자가 됨으로써, 참으로 행복한 가정이 될 수 있습니다.

예수님께서 파송하신 70명의 제자들이 돌아왔습니다. 제자들은 기뻐했습니다. 제자들이 복음을 전할 때, 귀신들이 항복했기 때문입니다. 귀신들이 제자들의 사역을 방해하지 못하고, 오히려 제자들이 귀신들을 쫓아냈기 때문입니다. 하나님을 위해서 살아가는 사람은 혼자가 아닙니다. 하나님께서 그와 함께하시고, 하나님의 능력이 그와 함께합니다. 지금 있는 자리에서 하나님을 위해 살아가십시오. 그러면 제자들이 누렸던 기쁨을 지금 이 자리에서 누리게 될 것입니다.

묵상

왜 예수님은 제자들을 양식과 돈 없이 파송하셨습니까?

_____

_____

_____

왜 70명의 제자들은 기뻐하며 돌아왔습니까?

_____

_____

_____

기도

하나님, 예수님을 믿는 가정은 행복한 가정입니다. 복음을 믿는 가정은 부요한 가정입니다. 저희 가정이 행복한 가정, 부요한 가정이 되게 해 주세요. 저희 가정이 하나님이 함께하시는 가정, 하나님께서 주시는 기쁨이 가득한 가정이 되게 해 주세요. 예수님의 이름으로 기도합니다. 아멘.

24주

예수께서 이르시되 너희는 기도할 때에 이렇게 하라

누가복음 11장 | 찬송가 361장. 기도하는 이 시간

> 예수께서 한 곳에서 기도하시고 마치시매 제자 중 하나가 여짜오되 주여 요한이 자기 제자들에게 기도를 가르친 것과 같이 우리에게도 가르쳐 주옵소서(11:1)

제자들은 예수님께 기도를 가르쳐 달라고 했습니다. 예수님은 제자들에게 기도를 가르쳐 주셨습니다. 왜 제자들은 기도를 배워야 했을까요? 기도를 배우지 않으면 하나님의 뜻대로 기도하지 않고, 자신의 욕심대로 기도하기 때문입니다. 우리도 마찬가지입니다. 예수님의 기도를 배워야 합니다. 주기도문을 배워야 합니다. 그래야 올바른 기도를 할 수 있습니다.

예수님은 하나님 아버지의 이름을 위해 기도하라고 하셨습니다. 이
것은 삶의 목적을 위한 기도입니다. 세상 사람들은 자신의 이름을
위해 살아갑니다. 자신의 이름을 자랑하며 살아갑니다. 우리는 하
나님의 이름을 위해서 살아가야 합니다. 하나님의 이름만 자랑하며
살아가야 합니다. 그리고 예수님은 하나님의 나라가 임하기를 기도
하라고 하셨습니다. 우리가 하나님의 나라를 위해서 기도할 때, 사
탄의 나라가 멸망하기 때문입니다. 타락한 나라가 거룩한 나라로 변
화되기 때문입니다.

우리에게 날마다 일용할 양식을 주시옵고(11:3)

예수님은 날마다 기도하라고 하셨습니다. 이것은 매일매일 기도하
라는 뜻입니다. 예수님은 일용할 것을 위해 기도하라고 하셨습니
다. 이것은 꼭 필요한 만큼을 위해 기도하라는 뜻입니다. 예수님은
양식을 위해 기도하라고 하셨습니다. 이것은 살아가는 데 꼭 필요한
것을 위해 기도하라는 뜻입니다. 정리하면 우리는 매일매일, 살아
가는 데 꼭 필요한 것을, 꼭 필요한 만큼만을 위해 기도해야 합니다.

우리가 우리에게 죄지은 모든 사람을 용서하오니 우리 죄도 사하여 주시옵고 우
리를 시험에 들게 하지 마시옵소서 하라(11:4)

예수님은 죄 용서를 기도하라고 하셨습니다. 이것은 죄를 숨기지 말
라는 뜻입니다. 매일매일 하나님께 죄를 자백하라는 뜻입니다. 우

리가 죄를 자백하면, 하나님은 우리의 죄를 용서해 주십니다. 그리고 하나님께서 우리의 죄를 용서해 주셨기 때문에, 우리도 다른 사람을 용서하며 살아야 합니다. 우리는 다른 사람을 용서할 힘을 달라고 기도해야 합니다.

묵상

왜 우리는 기도를 배워야 합니까?

_____

_____

_____

왜 예수님은 하나님의 나라를 위해 기도하라고 하셨습니까?

_____

_____

_____

_____

기도

하나님, 저희는 욕심대로 기도할 때가 많습니다. 저희가 원하는 것을 기도할 때가 많습니다. 이제는 예수님처럼 기도하기를 원합니다. 하나님의 이름을 위해, 하나님의 나라를 위해 기도하게 해 주세요. 매일매일, 꼭 필요한 것을, 꼭 필요한 만큼만을 위해 기도하게 해 주세요. 예수님의 이름으로 기도합니다. 아멘.

25주

너희 중에 누가 염려함으로
그 키를 한 자라도 더할 수 있느냐

누가복음 12-14장 | 찬송가 63장. 주가 세상을 다스리니

> 내가 내 친구 너희에게 말하노니 몸을 죽이고 그 후에는 능히 더 못하는 자들을
> 두려워하지 말라 마땅히 두려워할 자를 내가 너희에게 보이리니 곧 죽인 후에 또
> 한 지옥에 던져 넣는 권세 있는 그를 두려워하라 내가 참으로 너희에게 이르노니
> 그를 두려워하라(12:4-5)

예수님의 제자들은 로마 황제를 두려워하지 않았습니다. 로마 황제
보다 더 큰 분이 있음을 알았기 때문입니다. 로마 황제보다 더 두려
운 분이 있음을 알았기 때문입니다. 그분은 바로 하나님입니다. 세
상 왕에게 굴복하는 사람은 다음 세상에서 영원한 심판을 받습니다.

반대로 하나님께 굴복하는 사람은 다음 세상에서 영원한 구원을 받습니다.

> 까마귀를 생각하라 심지도 아니하고 거두지도 아니하며 골방도 없고 창고도 없으되 하나님이 기르시나니 너희는 새보다 얼마나 더 귀하냐 또 너희 중에 누가 염려함으로 그 키를 한 자라도 더할 수 있느냐(12:24-25)

까마귀는 걱정하지 않습니다. 하나님께서 보호하시고, 길러 주시는 것을 본능적으로 알기 때문입니다. 까마귀를 보호하시고 길러 주시는 하나님은 우리 또한 보호하시고 길러 주십니다. 이 사실을 믿을 때, 두려움을 이길 수 있습니다. 걱정하지 않을 수 있습니다.

> 그러므로 예수께서 이르시되 하나님의 나라가 무엇과 같을까 내가 무엇으로 비교할까 마치 사람이 자기 채소밭에 갖다 심은 겨자씨 한 알 같으니 자라 나무가 되어 공중의 새들이 그 가지에 깃들였느니라(13:18-19)

예수님은 제자들에게 하나님 나라에 관해 가르쳐 주셨습니다. 하나님 나라는 작은 씨처럼 시작하지만, 결국에는 커다란 나무처럼 됩니다. 이 말씀처럼 예수님 한 분으로 시작한 하나님 나라는 지금 모든 나라와 민족으로 확장되었습니다. 그리고 마지막 날에는 모든 나라가 하나님의 나라로 변할 것입니다.

> 예수께서 대답하여 율법교사들과 바리새인들에게 이르시되 안식일에 병 고쳐 주는 것이 합당하냐 아니하냐 그들이 잠잠하거늘 예수께서 그 사람을 데려다가 고쳐 보내시고(14:3-4)

바리새인들은 예수님이 안식일을 올바르게 지키지 않는다고 비판했습니다. 예수님께서 안식일에 병자를 고치는 일을 하셨기 때문입니다. 하지만 정말 안식일을 어긴 것은 예수님이 아니라 바리새인들입니다. 안식일은 아무것도 하지 않는 날이 아니라, 선한 일을 하는 날이기 때문입니다. 예수님은 병자를 고침으로써 안식일을 올바르게 지키셨고, 바리새인들은 선한 일을 하지 않음으로써 안식일을 어겼습니다.

▎ 무릇 자기를 높이는 자는 낮아지고 자기를 낮추는 자는 높아지리라(14:11)

사람들은 자랑하기를 좋아합니다. 그러면 자기가 높아진다고 생각하기 때문입니다. 그것은 착각입니다. 스스로 높이는 사람은 하나님 앞에서 작은 사람입니다. 반대로 스스로 낮추는 사람은 하나님 앞에서 큰 사람입니다. 따라서 우리는 겸손해야 합니다. 자기 자랑을 중단해야 합니다. 대신 다른 사람을 높여야 합니다. 다른 사람을 칭찬해야 합니다.

묵상

왜 예수님의 제자들은 로마 황제를 두려워하지 않았습니까?

왜 까마귀는 걱정하지 않습니까?

기도

하나님, 까마귀는 걱정하지 않습니다. 하지만 저희는 걱정을 많이 합니다. 까마귀는 본능적으로 하나님의 돌보심을 알지만, 저희는 하나님의 돌보심을 믿지 않기 때문입니다. 하나님, 저희가 하나님의 돌보심을 믿게 해 주세요. 그리하여 걱정하지 않고 살아가게 해 주세요. 예수님의 이름으로 기도합니다. 아멘.

26주

불의의 재물로 친구를 사귀라

누가복음 15-16장 | 찬송가 68장. 오 하나님 우리의 창조주시니

> 너희 중에 어떤 사람이 양 백 마리가 있는데 그중의 하나를 잃으면 아흔아홉 마리를 들에 두고 그 잃은 것을 찾아내기까지 찾아다니지 아니하겠느냐(15:4)

만약 양을 잃어버린 목자가 있다면, 그 목자는 양을 찾기 위해 최선을 다할 것입니다. 하나님도 마찬가지입니다. 하나님은 잃어버린 자기 백성을 끝까지 찾으십니다. 하나님은 잃어버린 영혼을 반드시 구원하십니다. 그 결과가 바로 우리입니다. 하나님은 우리를 찾아오셔서, 구원해 주셨습니다. 앞으로도 하나님은 우리를 버리지 않으실 것입니다. 하나님은 반드시 우리를 찾아오실 것입니다.

> 내가 너희에게 이르노니 이와 같이 죄인 한 사람이 회개하면 하늘에서는 회개할
> 것 없는 의인 아흔아홉으로 말미암아 기뻐하는 것보다 더하리라(15:7)

하나님은 우리를 찾아오셨습니다. 하나님은 우리를 구원해 주셨습니다. 이제 우리는 하나님의 마음을 기쁘게 하는 삶을 살아야 합니다. 하나님께서 기뻐하시는 것은 무엇일까요? 하나님은 우리의 회개를 기뻐하십니다. 하나님은 우리가 죄를 고백하는 것과 죄에서 돌이키는 것을 기뻐하십니다. 회개할 것이 없다는 교만한 마음을 품어서는 안 됩니다. 정직하고 성실하게 우리의 죄를 하나님께 자백합시다.

> 또 이르시되 어떤 사람에게 두 아들이 있는데 그 둘째가 아버지에게 말하되 아버
> 지여 재산 중에서 내게 돌아올 분깃을 내게 주소서 하는지라 아버지가 그 살림을
> 각각 나눠 주었더니 그 후 며칠이 안 되어 둘째 아들이 재물을 다 모아 가지고 먼
> 나라에 가 거기서 허랑방탕하여 그 재산을 낭비하더니(15:11-13)

유명한 탕자의 비유입니다. 탕자는 방탕한 아들이라는 뜻입니다. 탕자는 아직 살아 있는 아버지에게 유산을 요청했습니다. 아버지를 죽은 사람 취급하는 무례한 일입니다. 심지어 탕자는 아버지의 유산을 낭비하고 탕진했습니다. 그런데도 아버지는 탕자를 용서해 주었습니다. 탕자의 비유에서 아버지는 하나님을 의미하고, 탕자는 우리를 의미합니다. 탕자에게 사랑받을 자격이 없었던 것처럼, 우리에게는 사랑받을 자격이 없습니다. 아버지가 탕자를 용서한 것처럼, 하나님은 우리를 용서해 주셨습니다. 탕자가 아버지에게 은혜를 받은 것처럼, 우리는 하나님께 은혜를 받았습니다.

> 내가 너희에게 말하노니 불의의 재물로 친구를 사귀라 그리하면 그 재물이 없어질 때에 그들이 너희를 영주할 처소로 영접하리라(16:9)

이 말씀은 '불의한 청지기 비유'의 결론입니다. 한 청지기가 있었습니다. 청지기는 주인의 재산을 관리하는 종입니다. 청지기는 주인의 재산을 낭비하다가 해고당하게 되었습니다. 그러자 청지기는 주인에게 돈을 빌린 사람들의 빚을 줄여 주었습니다. 그러면 해고당한 이후에 그들의 도움을 받을 수 있기 때문입니다. 이 비유의 핵심은 돈을 사용하는 방법입니다. 불의한 청지기가 사람들의 마음을 얻는 수단으로 돈을 사용한 것처럼, 우리는 하나님의 일을 하는 수단으로 돈을 사용해야 합니다. 돈은 우리의 욕망을 이루는 수단이 아니라, 하나님의 뜻을 이루는 수단입니다.

묵상

하나님께서 기뻐하시는 일은 무엇입니까?

_____

_____

_____

_____

불의한 청지기 비유의 핵심은 무엇입니까?

_____

_____

_____

_____

기도

하나님, 불의한 청지기는 사람의 마음을 얻는 일에 돈을 사용했습니다. 하지만 저희는 돈을 올바르게 사용하길 원합니다. 복음 전하는 일에, 전도하는 일에, 교회를 섬기는 일에 돈을 사용하게 해 주세요. 하나님의 영광을 위해 돈을 사용하게 해 주세요. 예수님의 이름으로 기도합니다. 아멘.

27주

다 깨끗함을 받지 아니하였느냐
그 아홉은 어디 있느냐

누가복음 17–18장 | 찬송가 294장. 하나님은 외아들을

> 예수께서 제자들에게 이르시되 실족하게 하는 것이 없을 수는 없으나 그렇게 하게 하는 자에게는 화로다(17:1)

예수님은 실족하게 하지 말라고 하셨습니다. 나로 인해 다른 사람이 죄를 짓게 하는 것이 실족하게 하는 것입니다. 실족하게 하지 않으려면, 말과 행동을 조심해야 합니다. 특히 아랫사람 앞에서 말과 행동을 조심해야 합니다. 나의 잘못된 말과 행동을 동생들이 따라 하지 않도록 조심해야 합니다.

> 너희는 스스로 조심하라 만일 네 형제가 죄를 범하거든 경고하고 회개하거든 용
> 서하라(17:3)

교회의 성도가 죄짓는 모습을 보면, 우리는 어떻게 해야 할까요? 첫째, 경고해야 합니다. 죄를 눈감아 주는 것이 아니라, 죄에서 돌아서도록 해야 합니다. 하지만 조심스럽게 지혜롭게 해야 합니다. 둘째, 용서해야 합니다. 자기 죄를 인정할 때는 무한히 용서해 주어야 합니다. 우리는 하나님께 무한한 용서를 받았습니다. 따라서 우리도 무한히 용서해야 마땅합니다.

> 예수께서 대답하여 이르시되 열 사람이 다 깨끗함을 받지 아니하였느냐 그 아홉
> 은 어디 있느냐(17:17)

예수님은 열 명의 나병 환자를 고쳐 주셨습니다. 그런데 그중에서 단 한 명만 예수님께 감사했습니다. 이에 예수님은 아홉 명이 어디로 갔냐고 하셨습니다. 예수님은 감사하지 않은 아홉 명을 정죄하셨습니다. 하나님은 우리가 감사하며 살기를 원하십니다. 감사하는 방법은 여러 가지입니다. 감사 기도를 할 수도 있고, 감사 찬양을 할 수도 있고, 감사 헌금을 할 수도 있습니다. 그리고 다른 사람을 도와주는 것으로 감사할 수도 있습니다.

> 예수께서 그들에게 항상 기도하고 낙심하지 말아야 할 것을 비유로 말씀하여 이
> 르시되 어떤 도시에 하나님을 두려워하지 않고 사람을 무시하는 한 재판장이 있
> 는데 그 도시에 한 과부가 있어 자주 그에게 가서 내 원수에 대한 나의 원한을 풀
> 어 주소서 하되 그가 얼마 동안 듣지 아니하다가 후에 속으로 생각하되 내가 하나
> 님을 두려워하지 않고 사람을 무시하나 이 과부가 나를 번거롭게 하니 내가 그 원

ㅣ 한을 풀어 주리라 그렇지 않으면 늘 와서 나를 괴롭게 하리라 하였느니라(18:1-5)

예수님께서 포기하지 않고 끈질기게 기도해야 할 이유를 비유로 말씀하셨습니다. 흔히 이 비유를 '불의한 재판장의 비유'라고 합니다. 한 재판장이 있었습니다. 아주 악한 재판장이었습니다. 한 여인이 매일같이 불의한 재판장을 찾아와서 억울함을 호소했습니다. 그러자 불의한 재판장은 어쩔 수 없이 여인의 요구를 들어주었습니다. 악한 사람도 끈질긴 호소에 응답한다면, 의로우신 하나님은 더더욱 우리의 기도에 응답하실 것입니다. 그러므로 우리는 포기하지 않고 끈질기게 기도해야 합니다.

묵상

다른 사람을 실족하게 하지 않으려면 어떻게 행동해야 합니까?

오늘 하루 하나님께 감사한 일은 무엇입니까?

기도

하나님, 작은 일에도 감사하며 살기를 원합니다. 불평이 습관이 되지 않게 하시고, 감사가 습관이 되게 해 주세요. 감사의 기도와 감사의 찬양이 저희 삶의 일부가 되게 해 주세요. 물질로도 감사하고, 봉사로도 감사하게 해 주세요. 예수님의 이름으로 기도합니다. 아멘.

28주

인자가 온 것은
잃어버린 자를 찾아 구원하려 함이니라

누가복음 19-20장 | 찬송가 96장. 예수님은 누구신가

예수께서 여리고로 들어가 지나가시더라 삭개오라 이름하는 자가 있으니 세리장
이요 또한 부자라(19:1-2)

예수님 당시에 삭개오라고 하는 사람이 있었습니다. 삭개오는 세리
였습니다. 세리는 유대인들에게 세금을 거두어 로마 정부에 바치는
사람이었습니다. 유대인들은 세리를 매국노로 여겼습니다. 세리가
회당에서 예배하는 것도 금지했습니다. 사람들은 세리는 구원받을
수 없다고 생각했습니다.

복음서와 사도행전

> 그가 예수께서 어떠한 사람인가 하여 보고자 하되 키가 작고 사람이 많아 할 수 없어 앞으로 달려가서 보기 위하여 돌무화과나무에 올라가니 이는 예수께서 그리로 지나가시게 됨이러라(19:3-4)

삭개오는 예수님을 만나고 싶었습니다. 삭개오는 예수님을 보기 위해 나무에 올라가기까지 했습니다. 삭개오에게는 예수님을 하나님의 아들로 믿는 믿음이 있었습니다.

> 예수께서 그곳에 이르사 쳐다보시고 이르시되 삭개오야 속히 내려오라 내가 오늘 네 집에 유하여야 하겠다 하시니 급히 내려와 즐거워하며 영접하거늘 뭇사람이 보고 수군거려 이르되 저가 죄인의 집에 유하러 들어갔도다 하더라(19:5-7)

사람들은 삭개오를 상대하지 않았습니다. 사람들은 삭개오를 죄인으로 여기고 멀리했습니다. 하지만 예수님은 삭개오를 가까이하셨습니다. 친히 삭개오의 집을 방문하셨습니다. 예수님은 삭개오에게 구원받을 믿음이 있다는 것을 아셨습니다.

> 삭개오가 서서 주께 여짜오되 주여 보시옵소서 내 소유의 절반을 가난한 자들에게 주겠사오며 만일 누구의 것을 속여 빼앗은 일이 있으면 네 갑절이나 갚겠나이다 예수께서 이르시되 오늘 구원이 이 집에 이르렀으니 이 사람도 아브라함의 자손임이로다 인자가 온 것은 잃어버린 자를 찾아 구원하려 함이니라(19:8-10)

삭개오는 자신의 죄를 회개했습니다. 삭개오는 자신이 피해를 준 사람들에게 네 배로 갚겠다고 서원했습니다. 이것은 삭개오의 믿음이 진짜 믿음이라는 증거입니다. 예수님은 삭개오의 믿음을 보시고, 삭개오의 집에 구원이 임했다고 하셨습니다. 하나님은 삭개오와 같은 사람도 구원하실 수 있습니다. 하나님은 삭개오와 같은 사람도 변화시킬 수 있습니다. 누군가에게 죄인이라는 낙인을 찍고 차별해서는 안 됩니다. 하나님께서 변화시켜 주시길 기도해야 합니다.

> 죽은 자가 살아난다는 것은 모세도 가시나무 떨기에 관한 글에서 주를 아브라함의 하나님이요 이삭의 하나님이요 야곱의 하나님이시라 칭하였나니 하나님은 죽은 자의 하나님이 아니요 살아 있는 자의 하나님이시라 하나님에게는 모든 사람이 살았느니라 하시니(20:37-38)

하나님은 죽은 자들도 살아 있는 자로 여기십니다. 죽은 자들도 반드시 부활할 것이기 때문입니다. 신자들은 죽음 안으로 들어가지 않습니다. 신자들은 죽음을 통과합니다. 신자들은 죽음을 이기고 다시 살아납니다. 신자들은 죽지 않는 몸으로 부활합니다.

묵상

당시 사람들은 세리를 어떻게 대했습니까?

하지만 예수님은 세리를 어떻게 대하셨습니까?

기도

하나님, 예수님은 삭개오와 같은 사람도 찾아가셨습니다. 저희도 소외된 사람들, 외로운 사람들을 찾아가기를 원합니다. 차별받는 사람들에게 하나님의 사랑을 전하게 해 주세요. 그들도 하나님을 믿고 구원받을 수 있게 해 주세요. 예수님의 이름으로 기도합니다. 아멘.

29주

이 과부는 그 가난한 중에서 자기가 가지고 있는 생활비 전부를 넣었느니라

누가복음 21-22장 | 찬송가 50장. 내게 있는 모든 것을

> 예수께서 눈을 들어 부자들이 헌금함에 헌금 넣는 것을 보시고 또 어떤 가난한 과부가 두 렙돈 넣는 것을 보시고 이르시되 내가 참으로 너희에게 말하노니 이 가난한 과부가 다른 모든 사람보다 많이 넣었도다 저들은 그 풍족한 중에서 헌금을 넣었거니와 이 과부는 그 가난한 중에서 자기가 가지고 있는 생활비 전부를 넣었느니라 하시니라(21:1-4)

예수님은 한 여인이 헌금하는 것을 보시고 칭찬하셨습니다. 여인이 생활비 전부를 헌금했기 때문입니다. 여인이 생활비 전부를 헌금할 수 있었던 것은 하나님께서 자신을 책임져 주신다는 믿음이 있었기

때문일 것입니다. 우리에게도 이런 믿음이 있어야 합니다. 하나님께서 우리를 책임져 주신다는 믿음이 있어야 합니다. 그러면 우리도 이 여인처럼 칭찬받는 삶을 살게 될 것입니다.

> 어떤 사람들이 성전을 가리켜 그 아름다운 돌과 헌물로 꾸민 것을 말하매 예수께서 이르시되 너희 보는 이것들이 날이 이르면 돌 하나도 돌 위에 남지 않고 다 무너뜨려지리라(21:5-6)

제자들은 성전이 아름답다고 말했습니다. 하지만 예수님의 눈에는 성전이 아름다워 보이지 않았습니다. 성전의 겉모습은 화려했지만, 성전의 내부는 성직자들의 죄로 물들어 있었기 때문입니다. 당시 성전은 하나님을 예배하는 장소라기보다는 성직자들의 돈벌이 수단으로 전락해 버렸습니다. 우리도 겉모습을 화려하게 하기보다 내면을 거룩하게 해야 합니다. 마음이 거룩하지 않다면, 비싸고 화려한 옷도 하나님 보시기에는 누더기와 같을 것입니다.

> 열둘 중의 하나인 가룟인이라 부르는 유다에게 사탄이 들어가니 이에 유다가 대제사장들과 성전 경비대장들에게 가서 예수를 넘겨 줄 방도를 의논하매 그들이 기뻐하여 돈을 주기로 언약하는지라 유다가 허락하고 예수를 무리가 없을 때에 넘겨 줄 기회를 찾더라(22:3-6)

유다는 예수님을 배반한 제자로 유명합니다. 유다는 사탄의 유혹에 넘어가서 예수님을 팔아넘겼습니다. 유다가 사탄의 유혹에 넘어간 것은 그의 마음에 돈에 대한 욕심이 가득했기 때문입니다. 유다는 예수님보다 돈을 사랑했고, 결국 예수님과 돈을 바꾸었습니다. 우리도 유다처럼 행동할 때가 많습니다. 돈과 성공을 위해 신앙을 포기할 때, 우리는 이 시대의 유다가 됩니다.

> 또 떡을 가져 감사 기도 하시고 떼어 그들에게 주시며 이르시되 이것은 너희를 위하여 주는 내 몸이라 너희가 이를 행하여 나를 기념하라 하시고(22:19)

예수님은 십자가에서 죽기 전에 제자들과 식사하셨습니다. 흔히 이 것을 '최후의 만찬'이라고 합니다. 식사 메뉴는 빵과 포도주였습니다. 예수님은 이 식사를 기념하고 지키라고 하셨습니다. 따라서 최후의 만찬은 최초의 성찬입니다. 빵은 십자가에서 찢긴 예수님의 살을, 포도주는 십자가에서 흘린 예수님의 피를 상징합니다. 따라서 성찬은 예수님의 십자가를 우리 눈앞에 보여 주는 것입니다. 우리는 성찬을 통해 예수님의 십자가 죽음을 눈으로 보고, 손으로 만지고, 입으로 먹습니다.

묵상

여인이 생활비 전부를 헌금할 수 있었던 이유는 무엇입니까?

왜 예수님의 눈에는 성전이 아름다워 보이지 않았습니까?

기도

하나님 아버지, 가난한 여인은 자신의 생활비 전부를 하나님께 드렸습니다. 저희에게도 그 여인과 같은 믿음을 주세요. 저희도 그 여인처럼 하나님께 모든 것을 드리게 해 주세요. 더 많이 가지려 하기보다 더 많은 것을 드려서 하나님을 기쁘시게 하는 삶을 살게 해 주세요. 예수님의 이름으로 기도합니다. 아멘.

30주

예수를 십자가에 못 박고 두 행악자도 그렇게 하니

누가복음 23-24장 | 찬송가 143장. 웬 말인가 날 위하여

> 그들이 요구하는 자 곧 민란과 살인으로 말미암아 옥에 갇힌 자를 놓아 주고 예수
> 는 넘겨 주어 그들의 뜻대로 하게 하니라(23:25)

바라바는 살인을 저지른 죄인이었고, 예수님은 무죄한 의인이었습
니다. 당연히 바라바가 십자가에 못 박히고, 예수님이 풀려나야 했
습니다. 하지만 빌라도는 바라바를 놓아주고, 예수님을 십자가에
못 박았습니다. 이 사건은 예수님의 죽음이 가지는 의미를 잘 보여
줍니다. 원래는 우리가 십자가에서 죽어야 합니다. 원래는 우리가
지옥 형벌을 받아야 합니다. 하지만 예수님께서 우리 대신 십자가
에서 죽으셨습니다. 예수님께서 우리 대신 지옥 형벌을 받으셨습니

다. 우리가 죄와 사망에서 구원을 얻은 것은 예수님께서 우리 대신 죽으셨기 때문입니다.

> 또 다른 두 행악자도 사형을 받게 되어 예수와 함께 끌려가니라 해골이라 하는 곳에 이르러 거기서 예수를 십자가에 못 박고 두 행악자도 그렇게 하니 하나는 우편에, 하나는 좌편에 있더라(23:32-33)

예수님은 두 명의 죄수와 함께 십자가에 못 박히셨습니다. 예수님은 죄인의 자리로 내려가셨습니다. 예수님께서 죄인처럼 취급받으신 것은 우리의 죄를 뒤집어쓰셨기 때문입니다. 예수님은 우리를 구원하시기 위해 우리 대신 죄인이 되셨고, 우리를 살리시기 위해 우리 대신 십자가에서 죽으셨습니다.

> 안식 후 첫날 새벽에 이 여자들이 그 준비한 향품을 가지고 무덤에 가서 돌이 무덤에서 굴려 옮겨진 것을 보고 들어가니 주 예수의 시체가 보이지 아니하더라 (24:1-3)

여인들이 예수님의 무덤을 찾아갔습니다. 여인들은 예수님의 시체에 향품을 바르려고 했습니다. 하지만 예수님의 무덤은 비어 있었습니다. 예수님께서 부활하셨기 때문입니다.

> 여기 계시지 않고 살아나셨느니라 갈릴리에 계실 때에 너희에게 어떻게 말씀하셨는지를 기억하라 이르시기를 인자가 죄인의 손에 넘겨져 십자가에 못 박히고 제삼 일에 다시 살아나야 하리라 하셨느니라 한대(24:6-7)

천사는 여인들을 꾸짖었습니다. 여인들이 예수님의 말씀을 믿지 않았기 때문입니다. 예수님은 여인들에게 부활을 말씀하셨습니다. 예수님은 부활하신 후에 갈릴리로 가신다고 말씀하셨습니다. 따라서 여인들은 무덤으로 갈 것이 아니라, 갈릴리로 가야 했습니다. 우리도 마찬가지입니다. 말씀을 듣기만 해서는 안 됩니다. 말씀을 믿어야 합니다. 말씀의 약속이 이루어질 것을 믿어야 합니다. 말씀이 실현될 것을 믿어야 합니다.

▌ 사도들은 그들의 말이 허탄한 듯이 들려 믿지 아니하나(24:11)

여인들은 제자들에게 예수님의 부활을 전했습니다. 하지만 제자들은 예수님의 부활을 믿지 않았습니다. 참 안타까운 일입니다. 예수님은 여러 차례 제자들에게 부활에 대해 가르쳤기 때문입니다. 혹시 우리도 제자들처럼 살고 있지 않습니까? 하나님의 말씀을 믿지 않고, 하나님의 말씀과 상관없이 살고 있지 않습니까?

묵상

원래는 누가 십자가에서 죽어야 합니까? 원래는 누가 지옥 형벌을 받아야 합니까?

왜 예수님은 죄인처럼 취급받으셨습니까?

기도

하나님 아버지, 예수님은 저희의 죄를 뒤집어쓰셨습니다. 예수님은 저희가 받아야 할 형벌을 대신 받으셨습니다. 예수님은 저희 대신 지옥 형벌을 받으셨습니다. 그러므로 이제부터 예수님을 위해 살기를 원합니다. 예수님을 주인으로 모시고 살아가게 해 주세요. 예수님의 은혜에 합당한 삶을 살아가게 해 주세요. 예수님의 이름으로 기도합니다. 아멘.

일주일에 한 번,
온 가족 말씀 동행 프로젝트

요한복음

31주

태초에 말씀이 계시니라

요한복음 1-2장 | 찬송가 201장. 참사람 되신 말씀

> 태초에 말씀이 계시니라 이 말씀이 하나님과 함께 계셨으니 이 말씀은 곧 하나님이시니라(1:1)

태초는 세상이 창조되기 이전입니다. 태초에는 하나님만 존재했습니다. 따라서 태초부터 계셨던 말씀은 성자 하나님이신 예수님을 의미합니다. 예수님을 말씀으로 표현하는 이유는 무엇일까요? 하나님의 말씀에는 전능한 능력이 있기 때문입니다. 하나님은 말씀으로 세상을 창조하셨기 때문입니다. 따라서 예수님을 말씀이라고 하는 것은 예수님이 전능하신 창조주 하나님이라는 뜻입니다.

> 만물이 그로 말미암아 지은 바 되었으니 지은 것이 하나도 그가 없이는 된 것이 없느니라(1:3)

예수님은 우리와 같은 피조물이 아닙니다. 예수님은 지음을 받은 존재가 아닙니다. 예수님은 만물을 창조하신 창조주입니다. 예수님은 영원 전부터 성부 하나님과 함께 계셨고, 성부 하나님과 함께 세상을 창조하셨습니다. 우리는 예수님을 피조물이라고 하는 이단의 주장에 미혹되어서는 안 됩니다.

> 그 안에 생명이 있었으니 이 생명은 사람들의 빛이라 빛이 어둠에 비치되 어둠이 깨닫지 못하더라(1:4-5)

성자 하나님께서 사람이 되셨습니다. 왜 성자 하나님께서 사람이 되셨을까요? 첫째, 우리에게 생명을 주시기 위해서입니다. 예수님을 믿는 자는 생명을 얻습니다. 둘째, 어둠을 몰아내기 위해서입니다. 예수님을 믿는 자는 죄를 짓는 어두운 삶에서 벗어나 선을 행하는 빛의 삶을 살아갑니다.

> 사흘째 되던 날 갈릴리 가나에 혼례가 있어 예수의 어머니도 거기 계시고 예수와 그 제자들도 혼례에 청함을 받았더니 포도주가 떨어진지라 예수의 어머니가 예수에게 이르되 저들에게 포도주가 없다 하니(2:1-3)

예수님은 가나의 혼인 잔치에 참여하셨습니다. 혼인 잔치의 핵심은 포도주였습니다. 그런데 포도주가 떨어지는 사건이 발생했습니다. 이때 예수님은 물을 포도주로 바꾸어 주셨습니다. 잔치가 계속되게 하셨습니다. 비어 있는 포도주 항아리는 구약 시대를 상징합니다. 가득 채워진 포도주 항아리는 신약 시대를 상징합니다. 예수님은 새로운 시대를 시작하셨습니다.

> 예수께서 대답하여 이르시되 너희가 이 성전을 헐라 내가 사흘 동안에 일으키리라(2:19)

예수님은 3일 만에 성전을 다시 세운다고 하셨습니다. 이것은 두 가지를 의미합니다. 첫째, 예수님은 죽으셨다가 3일 만에 다시 살아나실 것입니다. 둘째, 예수님은 새 성전이 되실 것입니다. 그 결과 이제 우리는 건물 성전을 통해 하나님께 나아가지 않습니다. 예수 성전을 통해 하나님께 나아갑니다.

묵상

예수님을 말씀으로 표현한 이유는 무엇입니까?

_____

_____

_____

왜 성자 하나님께서 사람이 되셨습니까?

_____

_____

_____

_____

기도

하나님 아버지, 빛이신 예수님을 세상에 보내 주셔서 감사합니다. 저희를 빛의 자녀가 되게 해 주셔서 감사합니다. 저희가 어두운 세상에서 빛으로 살아가기를 원합니다. 어두운 세상을 밝히는 빛이 되게 해 주세요. 복음을 전하고, 자비를 베푸는 삶을 살아가게 해 주세요. 예수님의 이름으로 기도합니다. 아멘.

32주

사람이 거듭나지 아니하면
하나님의 나라를 볼 수 없느니라

요한복음 3-4장 | 복음성가. 우물가의 여인처럼

> 그런데 바리새인 중에 니고데모라 하는 사람이 있으니 유대인의 지도자라 그가 밤에 예수께 와서 이르되 랍비여 우리가 당신은 하나님께로부터 오신 선생인 줄 아나이다 하나님이 함께 하시지 아니하시면 당신이 행하시는 이 표적을 아무도 할 수 없음이니이다(3:1-2)

니고데모라는 사람이 예수님을 찾아왔습니다. 니고데모는 바리새인이었고, 유대인의 지도자였습니다. 당시 대부분의 바리새인이 예수님을 반대했습니다. 하지만 니고데모는 예수님을 하나님께서 보내신 분으로 믿었습니다. 예수님께서 행하는 기적들은 사람으로서는 할 수 없는 일이었기 때문입니다.

> 예수께서 대답하여 이르시되 진실로 진실로 네게 이르노니 사람이 거듭나지 아
> 니하면 하나님의 나라를 볼 수 없느니라 니고데모가 이르되 사람이 늙으면 어떻
> 게 날 수 있사옵나이까 두 번째 모태에 들어갔다가 날 수 있사옵나이까 예수께서
> 대답하시되 진실로 진실로 네게 이르노니 사람이 물과 성령으로 나지 아니하면
> 하나님의 나라에 들어갈 수 없느니라(3:3-5)

예수님은 니고데모에게 거듭나야만 하나님 나라에 들어간다고 하
셨습니다. 거듭난다는 것은 다시 태어난다는 뜻입니다. 사람이 다
시 태어나는 방법은 무엇일까요? 예수님은 "물과 성령"이라고 하셨
습니다. 이것은 '물인 성령'이라는 뜻입니다. 물이 몸의 더러움을 씻
듯이 성령님이 우리를 깨끗하게 하신다는 뜻입니다. 우리가 천국 백
성이 된 것은 우리가 특별한 사람이어서가 아닙니다. 하나님께서 우
리에게 성령님을 보내 주셨고, 성령님께서 우리를 깨끗하게 하셨기
때문입니다.

> 유대를 떠나사 다시 갈릴리로 가실새 사마리아를 통과하여야 하겠는지라 … 사
> 마리아 여자 한 사람이 물을 길으러 왔으매 예수께서 물을 좀 달라 하시니 … 사
> 마리아 여자가 이르되 당신은 유대인으로서 어찌하여 사마리아 여자인 나에게
> 물을 달라 하나이까 하니 이는 유대인이 사마리아인과 상종하지 아니함이러라
> (4:3-9)

예수님은 유대에서 갈릴리로 가는 도중에 일부러 사마리아를 통과
하셨습니다. 사마리아에서 꼭 만나야 할 여인이 있었기 때문입니
다. 이 여인은 '우물가의 여인', 또는 '사마리아 여인'으로 불립니다.

당시 유대인들과 사마리아인들은 서로 상종하지 않았습니다. 남자와 여자 사이도 마찬가지입니다. 예수님은 그러한 금기를 깨고 사마리아 여인에게 말을 거셨습니다. 이것은 예수님이 어떤 분인지를 보여 주는 사건입니다. 예수님은 분열된 세상을 하나 되게 하려고 오셨습니다. 예수님은 미움으로 분열된 세상을 사랑으로 하나 되게 하려고 오셨습니다.

> 내가 주는 물을 마시는 자는 영원히 목마르지 아니하리니 내가 주는 물은 그 속에서 영생하도록 솟아나는 샘물이 되리라 여자가 이르되 주여 그런 물을 내게 주사 목마르지도 않고 또 여기 물 길으러 오지도 않게 하옵소서(4:14-15)

예수님은 사마리아 여인에게 물을 주신다고 하셨습니다. 영원히 고갈되지 않는 물을 주신다고 하셨습니다. 예수님께서 말씀하신 물은 영원한 생명을 의미합니다. 예수님을 믿는 자는 영생을 얻습니다. 예수님을 믿는 자는 영원히 고갈되지 않는 생명을 누립니다.

묵상

사람이 다시 태어나는 것은 누구를 통해서만 가능합니까?

예수님께서 사마리아 여인에게 말을 거신 사건이 의미하는 것은 무엇입니까?

기도

하나님 아버지, 하나님 나라에 들어가기 위해서는 다시 태어나야 합니다. 성령으로 다시 태어나야 합니다. 저희에게 성령을 보내 주셔서, 다시 태어나게 하시니 감사합니다. 늘 성령으로 충만하여 새 사람으로 살게 해 주세요. 영원히 고갈되지 않는 생명을 누리며 살게 해 주세요. 예수님의 이름으로 기도합니다. 아멘.

33주

내 아버지께서 이제까지 일하시니 나도 일한다

요한복음 5-6장 | 찬송가 204장. 주의 말씀 듣고서

> 예수께서 이르시되 일어나 네 자리를 들고 걸어가라 하시니 그 사람이 곧 나아서 자리를 들고 걸어가니라 이날은 안식일이니 유대인들이 병 나은 사람에게 이르되 안식일인데 네가 자리를 들고 가는 것이 옳지 아니하니라(5:8-10)

예수님은 베데스다 연못가에 가셨습니다. 그곳에서 38년 동안 병으로 고통받은 병자를 보셨습니다. 예수님은 38년 동안 병으로 움직이지 못하던 병자를 고쳐 주셨습니다. 기쁘고 감사한 일입니다. 그런데 유대인들은 그 모습을 보고 기분 나빠했습니다. 예수님께서 병자를 고치신 날이 안식일이었기 때문입니다. 당시 유대인들은 안식일에는 의사를 찾아가서도 안 되고, 병자를 고쳐서도 안 된다고 주장

했습니다. 안식일의 참된 의미를 몰랐던 것입니다. 안식일은 아무 것도 하지 않는 날이 아니라, 예배를 드리고 선을 행하는 날입니다.

> 예수께서 그들에게 이르시되 내 아버지께서 이제까지 일하시니 나도 일한다 하 시매 유대인들이 이로 말미암아 더욱 예수를 죽이고자 하니 이는 안식일을 범할 뿐만 아니라 하나님을 자기의 친 아버지라 하여 자기를 하나님과 동등으로 삼으 심이러라(5:17-18)

예수님은 자신을 비난하는 유대인들에게 다음과 같이 말씀하셨습니다. "내 아버지께서 이제까지 일하시니 나도 일한다." 여기에는 두 가지 의미가 있습니다. 첫째, 성부 하나님께서 안식일에 일하시기 때문에, 예수님도 안식일에 일하실 수 있다는 것입니다. 만약 성부 하나님께서 일하기를 중단하신다면, 우주는 큰 혼란에 빠질 것입니다. 둘째, 예수님은 하나님의 아들이시기 때문에 안식일에 일하실 수 있다는 것입니다. 예수님은 하나님의 아들로서, 하나님과 동등한 분이십니다. 안식일을 어떻게 지켜야 하는지는 유대인들이 결정하는 것이 아니라, 예수님이 결정해야 합니다.

> 그들이 배부른 후에 예수께서 제자들에게 이르시되 남은 조각을 거두고 버리는 것이 없게 하라 하시므로 … 이에 거두니 보리떡 다섯 개로 먹고 남은 조각이 열 두 바구니에 찼더라 … 그러므로 예수께서 그들이 와서 자기를 억지로 붙들어 임 금으로 삼으려는 줄 아시고 다시 혼자 산으로 떠나 가시니라(6:12-15)

예수님은 오병이어의 기적을 행하셨습니다. 보리떡 다섯 개와 물고기 두 마리로 수많은 사람을 먹이셨습니다. 그러자 사람들은 예수님을 임금 삼으려고 했습니다. 예수님은 그 자리를 피하셨습니다. 사람들이 잘못된 이유로 예수님을 임금 삼으려 했기 때문입니다. 예수님을 임금 삼으면, 배부르게 먹고 살 수 있다고 생각한 것입니다. 예수님은 온 세상의 왕이십니다. 그러나 사람들의 욕망을 채워 주는 왕은 아니십니다.

> 제자들이 노를 저어 십여 리쯤 가다가 예수께서 바다 위로 걸어 배에 가까이 오심을 보고 두려워하거늘 이르시되 내니 두려워하지 말라 하신대(6:19-20)

제자들은 갈릴리 호수에서 큰 폭풍을 만났습니다. 예수님은 제자들을 구하기 위해 바다를 가로질러 오셨습니다. 예수님은 제자들에게 "내니 두려워하지 말라"라고 하셨습니다. 내가 너희와 함께 있으니 두려워하지 말라는 뜻입니다. 마음에 두려움이 찾아올 때, 하나님께서 우리와 함께하신다는 믿음으로 두려움과 싸워야 합니다.

묵상

주일은 어떤 날이 아닙니까? 또, 주일은 어떤 날입니까?

왜 예수님은 자신을 임금 삼으려는 사람들을 피하셨습니까?

기도

하나님 아버지, 세상을 살아가다 보면 힘들고 어려운 일을 겪을 때가 많습니다. 마음에 근심과 걱정이 찾아올 때가 많습니다. 그때마다 하나님께서 저희와 함께하심을 생각하게 해 주세요. 하나님을 의지하여 두려움을 이기게 해 주세요. 예수님의 이름으로 기도합니다. 아멘.

너희 중에 죄 없는 자가 먼저 돌로 치라

요한복음 7–8장 | 찬송가 205장. 주 예수 크신 사랑

> 유대인의 명절인 초막절이 가까운지라 그 형제들이 예수께 이르되 당신이 행하는 일을 제자들도 보게 여기를 떠나 유대로 가소서(7:2-3)

당시 예루살렘에서는 초막절이 열리고 있었습니다. 초막절은 유대교의 3대 절기입니다. 예수님의 형제들은 예수님에게 예루살렘으로 가라고 했습니다. 형제들의 이 말은 사람들이 많은 곳으로 가라는 뜻입니다. 많은 사람에게 인정받고, 세상에서 유명해져야 하나님의 뜻을 이룰 수 있다는 뜻입니다. 예수님은 형제들의 말을 따르지 않았습니다. 사람들에게 인정받고, 세상에서 유명해져야 하나님의 뜻을 이루는 것은 아니기 때문입니다. 오히려 하나님은 이름 없는 사

람들을 통해서 일하기를 기뻐하십니다.

> 스스로 말하는 자는 자기 영광만 구하되 보내신 이의 영광을 구하는 자는 참되니
> 그 속에 불의가 없느니라(7:18)

예수님은 자기 영광을 구하는 자는 악하고, 하나님의 영광을 구하는 자는 선하다고 하셨습니다. 자기 영광을 구하는 자는 유대교 지도자들을 의미하고, 하나님의 영광을 구하는 자는 예수님을 의미합니다. 예수님의 말과 행동은 하나님의 영광을 위한 것이기에 참되고 선했습니다. 우리는 누구의 영광을 추구하고 있습니까? 나의 영광입니까, 하나님의 영광입니까?

> 서기관들과 바리새인들이 음행 중에 잡힌 여자를 끌고 와서 가운데 세우고 예수
> 께 말하되 선생이여 이 여자가 간음하다가 현장에서 잡혔나이다 … 이에 일어나
> 이르시되 너희 중에 죄 없는 자가 먼저 돌로 치라 하시고(8:3-7)

사람들이 음행을 저지른 여자를 예수님께 데리고 왔습니다. 예수님은 사람들에게 다음과 같이 말씀하셨습니다. "너희 중에 죄 없는 자가 먼저 돌로 치라." 예수님은 여인을 비난하는 사람들에게, 먼저 자신의 죄를 생각하라고 하셨습니다. 다른 사람을 비난하기 전에, 먼저 자신의 죄를 회개하라고 하셨습니다. 하나님께서 우리에게 원하시는 것은 다른 사람의 죄를 지적하고 비난하는 것이 아닙니다. 먼저 우리의 죄를 돌아보고 회개하는 것입니다.

> 나를 보내신 이가 나와 함께하시도다 나는 항상 그가 기뻐하시는 일을 행하므로
> 나를 혼자 두지 아니하셨느니라(8:29)

예수님은 하나님께서 기뻐하시는 일을 행하셨습니다. 그래서 하나님은 늘 예수님과 함께하셨습니다. 하나님께서 기뻐하시는 일을 행할 때, 하나님은 우리와 함께하십니다. 하나님께서 기뻐하는 일을 행할 때, 우리는 혼자가 아닙니다. 하나님께서 기뻐하실 일을 행합시다. 하나님께서 우리의 삶을 안전하게 인도해 주실 것입니다.

묵상

왜 예수님의 형제들은 예수님에게 예루살렘으로 가라고 했습니까?

_____

_____

_____

음행한 여인을 끌고 온 사람들에게 예수님은 뭐라고 하셨습니까?

_____

_____

_____

기도

하나님 아버지, 예수님은 다른 사람을 비난하기 전에, 먼저 자신의 죄를 돌아보라고 하셨습니다. 저희도 항상 죄를 짓고 있기 때문입니다. 저희가 다른 사람을 쉽게 비난하지 않게 해 주세요. 대신 저희의 죄를 돌아보고, 저희의 죄를 먼저 회개하게 해 주세요. 예수님의 이름으로 기도합니다. 아멘.

35주

나는 양의 문이라

요한복음 9–10장 | 찬송가 380장. 나의 생명 되신 주

> 예수께서 길을 가실 때에 날 때부터 맹인 된 사람을 보신지라 제자들이 물어 이르
> 되 랍비여 이 사람이 맹인으로 난 것이 누구의 죄로 인함이니이까 자기니이까 그
> 의 부모니이까 예수께서 대답하시되 이 사람이나 그 부모의 죄로 인한 것이 아니
> 라 그에게서 하나님이 하시는 일을 나타내고자 하심이라(9:1–3)

제자들은 '불행은 죄의 결과'라고 생각했습니다. 따라서 맹인으로
태어난 것도 죄의 결과라고 생각했습니다. 하지만 예수님은 이것이
하나님의 영광을 위한 일이라고 하셨습니다. 예수님은 맹인의 눈을
고치는 일을 통해 하나님께 영광을 돌렸습니다. 누군가가 어려움을
겪을 때, 죄의 결과라고 쉽게 생각해서는 안 됩니다. 대신 어려움을

극복하고 하나님께 영광이 되기를 기도해야 합니다. 우리가 겪는 어려움도 마찬가지입니다. 우리가 겪는 고난이 하나님의 영광을 드러내는 통로가 되기를 기도해야 합니다.

> 그 부모가 대답하여 이르되 이 사람이 우리 아들인 것과 맹인으로 난 것을 아나이다 그러나 지금 어떻게 해서 보는지 또는 누가 그 눈을 뜨게 하였는지 우리는 알지 못하나이다 그에게 물어보소서 그가 장성하였으니 자기 일을 말하리이다
> (9:20–21)

바리새인들은 맹인의 부모를 불러 자초지종을 물었습니다. 하지만 맹인의 부모들은 자식에게 일어난 일을 솔직하게 말하지 않았습니다. 예수님께서 기적을 행하셨다고 말했다가는 바리새인들에게 핍박받을 것이 분명했기 때문입니다. 그러나 맹인의 부모들은 자식에게 일어난 일을 솔직하게 말해야 했습니다. 예수님의 기적을 증거하고, 하나님께 영광을 돌려야 했습니다. 안타깝게도 맹인의 부모들은 사람이 무서워서, 하나님께 영광을 돌리지 않았습니다.

> 내가 진실로 진실로 너희에게 이르노니 문을 통하여 양의 우리에 들어가지 아니하고 다른 데로 넘어가는 자는 절도며 강도요 문으로 들어가는 이는 양의 목자라
> (10:1–2)

예수님은 참된 목자가 있는 반면에 거짓 목자도 있다고 하셨습니다. 거짓 목자는 도둑이며 강도라고 하셨습니다. 거짓 목자는 당시 유대의 종교 지도자들을 의미합니다. 그들은 백성들을 진심으로 사랑하지 않았습니다. 도리어 자신들의 이익을 위해 백성들을 이용했습니다. 하지만 예수님은 참된 목자입니다. 예수님은 백성들을 구원하

기 위해 자기 목숨을 바치는 선한 목자입니다.

> 그러므로 예수께서 다시 이르시되 내가 진실로 진실로 너희에게 말하노니 나는
> 양의 문이라 나보다 먼저 온 자는 다 절도요 강도니 양들이 듣지 아니하였느니라
> 내가 문이니 누구든지 나로 말미암아 들어가면 구원을 받고 또는 들어가며 나오
> 며 꼴을 얻으리라(10:7-9)

예수님은 자신이 양의 문이라고 하셨습니다. 예수님을 통해서만 하나님 나라에 들어갈 수 있고, 예수님을 믿어야만 구원을 얻는다는 뜻입니다. 하지만 예수님 당시의 종교 지도자들과 바리새인들은 예수님을 믿지 않았습니다. 심지어 백성들도 예수님을 믿지 못하게 방해했습니다. 지금도 예수님 믿는 것을 방해하는 자들이 있습니다. 우리가 천국에 들어가지 못하게 막는 자들이 있습니다. 우리는 어떤 상황에서도 예수님 믿는 것을 포기해서는 안 됩니다. 예수님만이 천국으로 향하는 유일한 문이기 때문입니다.

묵상

예수님은 맹인으로 태어난 이유가 무엇이라고 하셨습니까?

_____

_____

_____

_____

왜 맹인의 부모들은 자초지종을 말하지 않았습니까?

_____

_____

_____

_____

기도

하나님 아버지, 맹인은 고난을 통해 하나님께 영광을 돌렸습니다. 저희도 고난을 통해 하나님께 영광 돌리길 원합니다. 어떠한 고난도 잘 견디고 극복하게 해 주세요. 고난을 견디고 극복하여 하나님을 영화롭게 하는 저희가 되게 해 주세요. 예수님의 이름으로 기도합니다. 아멘.

예수는 한 어린 나귀를 보고 타시니

요한복음 11-12장 | 찬송가 141장. 호산나 호산나

> 어떤 병자가 있으니 이는 마리아와 그 자매 마르다의 마을 베다니에 사는 나사로
> 라 … 예수께서 들으시고 이르시되 이 병은 죽을병이 아니라 하나님의 영광을 위
> 함이요 하나님의 아들이 이로 말미암아 영광을 받게 하려 함이라 하시더라(11:1-
> 4)

마리아와 마르다에게 큰 슬픔이 찾아왔습니다. 오빠 나사로의 죽
음 때문입니다. 하지만 나사로의 죽음은 평범한 죽음이 아니었습니
다. 나사로의 죽음은 하나님의 영광을 위한 죽음이었습니다. 예수
님은 죽은 나사로를 살리시고 큰 영광을 얻으셨습니다. 이처럼 우
리가 겪는 슬픔에는 이유가 있습니다. 고난이 찾아왔다고 해서 하

나님을 원망하지 말고, 우리의 고난을 통해 일하실 하나님을 기대해야 합니다.

> 마리아에게 와서 예수께서 하신 일을 본 많은 유대인이 그를 믿었으나 그중에 어떤 자는 바리새인들에게 가서 예수께서 하신 일을 알리니라(11:45-46)

죽은 나사로가 살아나는 기적을 보고서 많은 사람이 예수님을 믿었습니다. 하지만 여전히 바리새인들은 예수님을 믿지 않았습니다. 도리어 예수님을 죽이려고 했습니다. 지금도 마찬가지입니다. 하나님께 순종하는 사람들이 있는 반면에, 하나님께 반대하는 사람들도 있습니다. 이 싸움은 예수님께서 다시 오실 때까지 중단되지 않을 것입니다. 우리는 어떤 환경에서도 하나님의 편에 서서 하나님의 대적들과 싸워야 합니다.

> 제자 중 하나로서 예수를 잡아 줄 가룟 유다가 말하되 이 향유를 어찌하여 삼백 데나리온에 팔아 가난한 자들에게 주지 아니하였느냐 하니 이렇게 말함은 가난한 자들을 생각함이 아니요 그는 도둑이라 돈궤를 맡고 거기 넣는 것을 훔쳐 감이러라(12:4-6)

유다가 본색을 드러내는 장면입니다. 마리아가 값비싼 향유를 예수님께 부었습니다. 그 향유의 값은 무려 300데나리온이나 되었습니다. 오늘날 3,000만 원 정도의 금액입니다. 유다는 300데나리온으로 가난한 자를 돕지 않았다고 마리아를 비난했습니다. 유다는 겉으로는 가난한 자를 생각하는 것처럼 보였지만, 사실은 300데나리온을 가로채고 싶어서 한 말이었습니다. 유다는 돈을 사랑하는 사람이었습니다. 결국 유다는 돈 때문에 예수님을 팔아넘겼습니다.

> 그 이튿날에는 명절에 온 큰 무리가 예수께서 예루살렘으로 오신다는 것을 듣고
> 종려나무 가지를 가지고 맞으러 나가 외치되 호산나 찬송하리로다 주의 이름으
> 로 오시는 이 곧 이스라엘의 왕이시여 하더라 예수는 한 어린 나귀를 보고 타시니
> 이는 기록된 바 시온 딸아 두려워하지 말라 보라 너의 왕이 나귀 새끼를 타고 오
> 신다 함과 같더라(12:12-15)

예수님께서 예루살렘으로 오신다는 소식이 전해졌습니다. 사람들
은 예수님을 환영하기 위해 모였습니다. 아마 사람들은 예수님께서
커다란 백마를 타고 오리라 생각했을 것입니다. 하지만 예수님은 작
은 나귀를 타고 오셨습니다. 예수님은 전쟁으로 평화를 이루시는 왕
이 아니라, 십자가의 죽음으로 평화를 이루시는 겸손한 왕이시기 때
문입니다.

묵상

왜 유다는 마리아를 비난했습니까?

왜 예수님은 나귀를 타셨습니까?

기도

하나님 아버지, 나사로를 죽음에서 살리신 하나님께서 저희도 살려 주신 것을 믿습니다. 생명의 주관자이신 하나님께서 저희를 죽음의 저주에서 구원하신 것을 믿습니다. 어떠한 고난이 와도 어떠한 슬픔이 와도 영원한 생명을 주신 하나님께 늘 감사와 영광을 돌리며 살아가게 해 주세요. 예수님의 이름으로 기도합니다. 아멘.

37주

제자들의 발을 씻으시고

요한복음 13–14장 | 찬송가 67장. 영광의 왕께 다 경배하며

> 유월절 전에 예수께서 자기가 세상을 떠나 아버지께로 돌아가실 때가 이른 줄 아
> 시고 세상에 있는 자기 사람들을 사랑하시되 끝까지 사랑하시니라 … 저녁 잡수
> 시던 자리에서 일어나 겉옷을 벗고 수건을 가져다가 허리에 두르시고 이에 대야
> 에 물을 떠서 제자들의 발을 씻으시고(13:1–5)

예수님은 제자들을 사랑하셨습니다. 예수님은 발을 씻겨 주시기까
지 제자들을 사랑하셨습니다. 당시에는 대개 종이 주인의 발을 씻겨
주었습니다. 누군가의 발을 씻겨 주는 일은 정말 하기 싫은 일이었
습니다. 그런데도 예수님은 제자들의 발을 씻겨 주셨습니다. 바로
이것이 진정한 사랑입니다. 사랑은 상대방의 주인이 되는 것이 아니

라, 종이 되는 것입니다. 상대방을 부리는 것이 아니라 섬기는 것입니다. 우리는 예수님처럼 사랑하고 있습니까?

> 예수께서 이 말씀을 하시고 심령이 괴로워 증언하여 이르시되 내가 진실로 진실로 너희에게 이르노니 너희 중 하나가 나를 팔리라 하시니(13:21)

예수님은 유다가 배신할 것을 아셨습니다. 예수님은 유다가 자신을 팔 것을 아셨습니다. 하지만 예수님은 피하지 않으셨습니다. 예수님은 죽음을 피하지 않으시고, 죽음 안으로 묵묵하게 걸어가셨습니다. 예수님께서 죽으셔야만 우리가 구원을 얻기 때문입니다. 예수님께서 죽음을 피하시면, 우리가 구원을 얻을 수 없기 때문입니다. 예수님은 우리의 구원을 위해 십자가로 뚜벅뚜벅 걸어가셨습니다.

> 너희는 마음에 근심하지 말라 하나님을 믿으니 또 나를 믿으라 / 내 이름으로 무엇이든지 내게 구하면 내가 행하리라(14:1, 14)

예수님은 제자들을 떠난다고 하셨습니다. 세상을 떠나 하늘로 가신다고 하셨습니다. 제자들의 마음은 근심으로 가득했습니다. 그때 예수님은 제자들에게 근심하지 말라고 하셨습니다. 그 이유는 크게 두 가지입니다. 첫째, 제자들이 기도할 수 있기 때문입니다. 제자들이 예수님의 이름으로 기도하면, 하나님께서 응답하실 것이기 때문입니다.

> 내가 아버지께 구하겠으니 그가 또 다른 보혜사를 너희에게 주사 영원토록 너희와 함께 있게 하리니(14:16)

둘째, 예수님께서 성령님을 보내 주실 것이기 때문입니다. 성령님을 통해 예수님과 제자들이 연결되기 때문입니다. 예수님은 우리에게도 성령님을 보내 주셨습니다. 성령님은 우리 마음에 거하시며, 우리가 거룩한 삶을 살도록 도와주십니다. 성령님께서 우리와 함께 하시기에, 우리는 두려워할 필요가 없습니다.

묵상

왜 예수님은 죽음을 피하지 않으셨습니까?

왜 예수님은 제자들에게 두려워하지 말라고 하셨습니까?

기도

하나님 아버지, 세상에는 저희를 두렵게 하는 일들이 많습니다. 그때마다 하나님께 기도하고, 성령님을 의지하기를 원합니다. 성령님께서 나와 늘 함께하심을 믿게 해 주세요. 그리하여 세상을 살아갈 때, 두려움 없이 담대하게 살아가게 해 주세요. 예수님의 이름으로 기도합니다. 아멘.

38주

나는 포도나무요 너희는 가지라

요한복음 15-16장 | 찬송가 90장. 주 예수 내가 알기 전

> 나는 포도나무요 너희는 가지라 그가 내 안에, 내가 그 안에 거하면 사람이 열매를 많이 맺나니 나를 떠나서는 너희가 아무것도 할 수 없음이라(15:5)

예수님은 자신이 포도나무이고, 우리는 가지라고 하셨습니다. 우리가 예수님과 붙어 있을 때만 열매를 맺는다고 하셨습니다. 그러므로 우리는 예수님과 붙어 있기 위해 노력해야 합니다. 예수님을 잘 믿기 위해 힘써야 합니다. 그렇지 않으면, 우리가 아무리 성공하고 유명해져도 우리는 쓸모없는 사람일 뿐입니다.

> 내가 아버지의 계명을 지켜 그의 사랑 안에 거하는 것 같이 너희도 내 계명을 지

복음서와 사도행전

■ 키면 내 사랑 안에 거하리라(15:10)

예수님은 계명을 지키는 것을 통해 아버지를 향한 사랑을 나타내셨습니다. 우리도 계명을 지키는 것을 통해 하나님을 향한 사랑을 나타내야 합니다. 계명을 지키지 않으면서 하나님을 사랑한다고 말하는 것은 어불성설(語不成說)입니다.

> 너희가 세상에 속하였으면 세상이 자기의 것을 사랑할 것이나 너희는 세상에 속한 자가 아니요 도리어 내가 너희를 세상에서 택하였기 때문에 세상이 너희를 미워하느니라(15:19)

예수님은 세상이 악하다고 하셨습니다. 그래서 세상은 예수님을 미워했습니다. 우리도 마찬가지입니다. 만약 우리가 예수님의 제자처럼 살아가면, 세상은 우리를 미워할 것입니다. 우리가 세상 사람들과 다르게 거룩하게 살아간다면, 세상은 우리를 미워할 것입니다. 그래서 우리는 용기를 가져야 합니다. 세상에서 미움받을 용기를 가져야 합니다. 그럴 때 우리는 하나님의 사랑 안에 거할 것입니다.

> 그러나 진리의 성령이 오시면 그가 너희를 모든 진리 가운데로 인도하시리니 그가 스스로 말하지 않고 오직 들은 것을 말하며 장래 일을 너희에게 알리시리라(16:13)

예수님은 우리에게 성령님을 보내 주셨습니다. 성령님은 우리에게 진리를 알려 주십니다. 그래서 성령님을 '진리의 영'이라고 부릅니다. 성령님은 "스스로 말하지 않고 오직 들은 것을" 말하십니다. 이것은 성령님이 성경을 통해 말씀하신다는 뜻입니다. 성령님은 성경을 이해하게 하는 것으로, 진리를 알려 주십니다. 이것을 성령의 '조명'이라고 합니다.

> 지금까지는 너희가 내 이름으로 아무것도 구하지 아니하였으나 구하라 그리하면
> 받으리니 너희 기쁨이 충만하리라(16:24)

제자들은 예수님께서 떠나신다는 말을 듣고 크게 슬퍼했습니다. 하지만 슬퍼할 이유는 없습니다. 오히려 기뻐해야 합니다. 첫째, 예수님께서 성령님을 보내 주실 것이기 때문입니다. 둘째, 제자들은 예수님의 이름으로 기도할 수 있기 때문입니다. 우리도 마찬가지입니다. 우리는 성령님께서 함께하시는 사람들입니다. 우리는 예수님의 이름으로 기도할 수 있는 사람입니다. 그러므로 우리는 항상 기뻐해야 합니다.

묵상

예수님은 무엇으로 하나님 사랑을 나타내셨습니까?

_____

_____

_____

왜 세상은 예수님을 미워했습니까?

_____

_____

_____

_____

기도

하나님 아버지, 예수님은 포도나무요, 저희는 가지입니다. 가지가 나무에 잘 붙어 있어야 열매를 많이 맺는다고 하셨습니다. 그러므로 저희가 예수님께 잘 붙어 있게 해 주세요. 믿음과 순종을 통해 예수님께 잘 붙어 있는 사람이 되게 해 주세요. 예수님의 이름으로 기도합니다. 아멘.

39주

영생은 예수 그리스도를 아는 것이니이다

요한복음 17-18장 | 찬송가 91장. 슬픈 마음 있는 사람

> 예수께서 이 말씀을 하시고 눈을 들어 하늘을 우러러 이르시되 아버지여 때가
> 이르렀사오니 아들을 영화롭게 하사 아들로 아버지를 영화롭게 하게 하옵소서
> (17:1)

예수님은 하나님께 기도하셨습니다. 아버지를 영화롭게 하게 해 달
라고 기도하셨습니다. 하나님은 예수님의 기도에 응답하셨습니다.
예수님은 십자가의 죽음으로 아버지를 영화롭게 하셨습니다. 세상
에서 성공하는 것이 하나님을 영광스럽게 하는 것이 아닙니다. 십자
가의 삶을 사는 것이 하나님을 영광스럽게 하는 것입니다. 십자가의
삶은 하나님을 위해 고난을 받는 것이고, 나를 희생해서 다른 사람

을 이롭게 하는 것입니다. 우리는 십자가의 삶을 살고 있습니까?

> 영생은 곧 유일하신 참 하나님과 그가 보내신 자 예수 그리스도를 아는 것이니이
> 다(17:3)

영생은 단순히 영원히 사는 것이 아닙니다. 영생은 예수님을 아는
것입니다. 예수님을 안다는 것은 예수님과 교제하는 관계임을 말합
니다. 예수님의 뜻을 알고, 그 뜻대로 사는 것을 말합니다. 따라서
영생은 천국에서만 누리는 것이 아닙니다. 지금도 영생을 누릴 수
있습니다. 우리가 예수님을 알기 위해 노력할 때, 우리가 예수님의
뜻대로 살기 위해 노력할 때, 우리는 이미 영생을 누리고 있습니다.

> 유다가 군대와 대제사장들과 바리새인들에게서 얻은 아랫사람들을 데리고 등과
> 횃불과 무기를 가지고 그리로 오는지라 예수께서 그 당할 일을 다 아시고 나아가
> 이르시되 너희가 누구를 찾느냐 대답하되 나사렛 예수라 하거늘 이르시되 내가
> 그니라 하시니라 그를 파는 유다도 그들과 함께 섰더라 예수께서 그들에게 내가
> 그니라 하실 때에 그들이 물러가서 땅에 엎드러지는지라(18:3-6)

유다는 예수님을 배신했습니다. 유다는 예수님을 팔아넘기기 위해
군대를 대동했습니다. 제자들은 군대를 보고 도망쳤습니다. 하지만
예수님은 도망치지 않았습니다. 예수님은 순순히 체포되셨습니다.
예수님은 힘이 부족해서 체포된 것이 아닙니다. 예수님을 잡으러 온
군인들이 땅에 엎드러진 것을 보면 알 수 있습니다. 예수님은 우리
를 구원하기 위해 자발적으로 로마 군대에 체포되셨습니다.

> 문 지키는 여종이 베드로에게 말하되 너도 이 사람의 제자 중 하나가 아니냐 하니

베드로는 예수님이 재판받는 과정을 멀리서 지켜보고 있었습니다. 그때 한 여종이 베드로에게 예수님의 제자가 아니냐고 물었습니다. 베드로는 당당하게 예수님의 제자라고 말했어야 합니다. 하지만 베드로는 세 번이나 예수님의 제자가 아니라고 했습니다. 이처럼, 지금도 많은 사람들이 예수님의 제자임을 숨기고 살아갑니다. 하지만 우리는 예수님의 제자임을 당당히 드러내야 합니다. 그리고 당당히 복음을 전해야 합니다.

묵상

예수님은 어떻게 하나님을 영화롭게 하셨습니까?

예수님은 무엇이 영생이라고 하셨습니까?

기도

하나님 아버지, 베드로는 사람들이 두려워서 예수님을 부인했습니다. 예수님의 제자가 아니라고 거짓말했습니다. 그런데 저희도 베드로처럼, 기독교인임을 숨기고 살 때가 많습니다. 예수님을 믿는 게 부끄러울 때가 있습니다. 하지만 이제는 예수님의 제자임을 당당하게 드러내고, 하나님의 복음을 당당하게 전하며 살아가게 해 주세요. 예수님의 이름으로 기도합니다. 아멘.

40주

요한의 아들 시몬아
네가 이 사람들보다 나를 더 사랑하느냐

요한복음 19–21장 | 복음성가. 요한의 아들 시몬아

> 이에 빌라도가 예수를 데려다가 채찍질하더라 군인들이 가시나무로 관을 엮어
> 그의 머리에 씌우고 자색 옷을 입히고 앞에 가서 이르되 유대인의 왕이여 평안할
> 지어다 하며 손으로 때리더라(19:1-3)

왕이신 예수님께서 채찍으로 맞으셨습니다. 왕관을 써야 할 예수님
께서 가시관을 쓰셨습니다. 왕이신 예수님께서 사람들에게 조롱받
으셨습니다. 예수님은 우리가 받아야 할 고난을 받으셨습니다. "그
가 찔림은 우리의 허물 때문이요 그가 상함은 우리의 죄악 때문이라
그가 징계를 받으므로 우리는 평화를 누리고 그가 채찍에 맞으므로

우리는 나음을 받았도다"(사 53:5).

> 이날은 유월절의 준비일이요 때는 제육 시라 빌라도가 유대인들에게 이르되 보라 너희 왕이로다(19:14)

예수님은 유월절 기간에 죽으셨습니다. 이것은 예수님이 유월절 어린양임을 의미합니다. 첫 번째 유월절은 애굽에서 있었습니다. 하나님께서 애굽 사람들을 심판하실 때, 어린양의 피가 묻어 있는 집은 심판하지 않고 넘어가셨습니다. 바로 여기서 '유월절'이라는 이름이 나왔습니다. '유월'은 '넘어가다'라는 뜻입니다. 예수님은 우리의 유월절 어린양입니다. 하나님은 예수님을 믿는 자들은 심판하지 않고 넘어가십니다. 우리가 심판을 면하는 것은 예수님이 우리의 유월절 어린양이 되셨기 때문입니다.

> 시몬 베드로는 따라와서 무덤에 들어가 보니 세마포가 놓였고 또 머리를 쌌던 수건은 세마포와 함께 놓이지 않고 딴 곳에 쌌던 대로 놓여 있더라(20:6-7)

베드로는 예수님의 무덤을 보았습니다. 예수님의 무덤은 비어 있었습니다. 예수님의 시체를 감쌌던 세마포도 혼자 놓여 있었습니다. 예수님께서 부활하셨기 때문입니다. 예수님은 세마포에 메이지도, 죽음에 메이지도 않으셨습니다. 예수님은 죽음을 이기시고 부활하셨습니다. 예수님께서 부활하셨듯 우리도 부활할 것입니다. 우리도 죽음을 이기고 부활할 것입니다.

> 그들이 조반 먹은 후에 예수께서 시몬 베드로에게 이르시되 요한의 아들 시몬아 네가 이 사람들보다 나를 더 사랑하느냐 하시니 이르되 주님 그러하나이다 내가

예수님은 베드로에게 일을 얼마나 잘하는지 묻지 않으셨습니다. 예수님은 베드로에게 "네가 이 사람들보다 나를 더 사랑하느냐"라고 물으셨습니다. 예수님께서 그렇게 물으신 것은 베드로에게 양 떼를 맡기기 위해서였습니다. 여기서 양 떼는 교회를 의미합니다. 우리는 여기서 예수님의 제자가 되는 데 필요한 자질을 알 수 있습니다. 예수님의 제자가 되기 위해서는 누구보다 예수님을 사랑해야 합니다. 교회의 일꾼이 되기 위해서는 예수님을 사랑하는 마음이 있어야 합니다. 다른 능력과 자질이 출중해도, 예수님을 사랑하는 마음이 없으면, 예수님의 제자나 교회의 일꾼이 될 수 없습니다.

묵상

왜 예수님은 유월절 기간에 죽으셨습니까?

_____

_____

_____

왜 예수님은 베드로에게 "네가 나를 사랑하느냐"라고 물으셨습니까?

_____

_____

_____

기도

하나님 아버지, 하나님은 지금도 저희에게 물으십니다. "네가 나를 사랑하느냐?" 예수님을 가장 사랑하는 사람이 되기를 원합니다. 예수님을 가장 소중하게 여기는 사람이 되게 해 주세요. 예수님의 참된 제자가 되고, 교회의 참된 일꾼이 되게 해 주세요. 예수님의 이름으로 기도합니다. 아멘.

일주일에 한 번,
온 가족 말씀 동행 프로젝트

사도행전

오직 성령이 너희에게 임하시면

사도행전 1-2장 | 찬송가 182장. 강물같이 흐르는 기쁨

> 데오빌로여 내가 먼저 쓴 글에는 무릇 예수께서 행하시며 가르치시기를 시작하심부터 그가 택하신 사도들에게 성령으로 명하시고 승천하신 날까지의 일을 기록하였노라(1:1-2)

누가는 두 권의 성경을 기록했습니다. 누가복음과 사도행전입니다. 누가복음은 예수님께서 이 땅에서 행하신 일을 기록한 성경이고, 사도행전은 예수님께서 성령을 통해 행하신 일을 기록한 성경입니다. 예수님은 하늘에 계시지만, 우리와 무관하지 않습니다. 예수님은 성령을 통해 우리와 함께하시고, 성령을 통해 지금도 일하십니다.

> 그가 고난받으신 후에 또한 그들에게 확실한 많은 증거로 친히 살아 계심을 나타
> 내사 사십 일 동안 그들에게 보이시며 하나님 나라의 일을 말씀하시니라(1:3)

예수님은 부활하신 후에 40일 동안 제자들과 함께하셨습니다. 40일 동안 제자들에게 하나님 나라에 관해 가르쳐 주셨습니다. 제자들이 하나님의 일꾼이 되기 위해서는 하나님 나라에 관해 잘 알아야 했기 때문입니다. 우리도 마찬가지입니다. 하나님의 일꾼이 되기 위해서는 하나님을 잘 알아야 합니다. 하나님을 알기 위해 성경을 묵상해야 합니다.

> 오직 성령이 너희에게 임하시면 너희가 권능을 받고 예루살렘과 온 유대와 사마
> 리아와 땅끝까지 이르러 내 증인이 되리라 하시니라(1:8)

예수님은 제자들에게 하나님 나라에 관해 가르쳐 주셨습니다. 하지만 하나님 나라를 배우는 것만으로는 충분하지 않았습니다. 그래서 예수님은 성령을 약속하셨습니다. 예수님은 제자들에게 성령을 보내신다고 하셨습니다. 하나님의 일꾼이 되기 위해서는 성령으로 충만해야 합니다. 성령으로 충만한 사람만이 하나님의 일꾼이 될 수 있습니다.

> 오순절 날이 이미 이르매 그들이 다 같이 한곳에 모였더니 홀연히 하늘로부터 급
> 하고 강한 바람 같은 소리가 있어 그들이 앉은 온 집에 가득하며 마치 불의 혀처
> 럼 갈라지는 것들이 그들에게 보여 각 사람 위에 하나씩 임하여 있더니 그들이 다
> 성령의 충만함을 받고 성령이 말하게 하심을 따라 다른 언어들로 말하기를 시작
> 하니라(2:1-4)

제자들은 예수님께서 말씀하신 대로 성령을 기다리고 있었습니다.

제자들은 기도하면서 성령이 임하기를 기다리고 있었습니다. 그리고 오순절 날이 되었습니다. 마침내 예수님께서 약속하신 성령이 제자들에게 임했습니다. 그러자 제자들은 다른 언어들로 말하기 시작했습니다. 제자들은 갑자기 외국어를 말하기 시작했습니다. 이것은 제자들이 이스라엘뿐만 아니라 다른 나라에도 복음을 전하게 될 것을 암시하는 사건입니다. 이제부터 하나님의 복음이 온 세상으로 뻗어 나갈 것을 의미하는 사건입니다.

묵상

왜 예수님은 부활하신 후에 40일 동안 제자들에게 하나님 나라에 관해 가르쳐 주셨습니까?

성령 충만한 제자들이 외국어를 말하게 된 것은 무엇을 의미하는 사건입니까?

기도

하나님 아버지, 저희가 예수님께서 가르쳐 주신 하나님 나라를 잘 알기 원합니다. 하나님 나라의 일꾼으로 쓰임받기를 원합니다. 저희가 성령으로 충만하게 해 주세요. 하나님 나라의 복음을 온 세상에 전할 수 있는 지혜와 용기를 주세요. 예수님의 이름으로 기도합니다. 아멘.

42주

나사렛 예수 그리스도의 이름으로 일어나 걸으라

사도행전 3-5장 | 찬송가 183장. 빈 들에 마른 풀같이

┃ 제구 시 기도 시간에 베드로와 요한이 성전에 올라갈새(3:1)

사도행전 3장에는 놀라운 기적이 기록되어 있습니다. 베드로가 걷지 못하는 지체 장애인을 고친 사건입니다. 그런데 성경은 그보다 앞서, 베드로가 기도하기 위해 성전으로 향하는 장면을 묘사하고 있습니다. 이것은 하나님께서 어떤 사람을 통해서 일하시는지를 보여 줍니다. 하나님은 기도하는 사람을 통해서 일하십니다. 날마다 기도를 통해 하나님께 감사하는 사람, 날마다 기도를 통해 하나님의 도움을 구하는 사람. 하나님은 그런 사람을 통해서 일하십니다.

> 베드로가 이르되 은과 금은 내게 없거니와 내게 있는 이것을 네게 주노니 나사렛 예수 그리스도의 이름으로 일어나 걸으라 하고 오른손을 잡아 일으키니 발과 발목이 곧 힘을 얻고 뛰어 서서 걸으며 그들과 함께 성전으로 들어가면서 걷기도 하고 뛰기도 하며 하나님을 찬송하니(3:6-8)

베드로는 예수님의 이름으로 걷지 못하던 지체 장애인을 고쳤습니다. 이것은 예수님께서 지금도 이 땅에서 일하고 계심을 보여 줍니다. 하늘에 계신 예수님께서 여전히 땅에 있는 우리와 함께하심을 보여 줍니다. 이것이 가능한 것은 성령님 때문입니다. 예수님은 성령님을 통해 여전히 우리와 함께하시고, 성령님을 통해 여전히 놀라운 일들을 행하십니다.

> 사도들이 백성에게 말할 때에 제사장들과 성전 맡은 자와 사두개인들이 이르러 예수 안에 죽은 자의 부활이 있다고 백성을 가르치고 전함을 싫어하여 그들을 잡으매 날이 이미 저물었으므로 이튿날까지 가두었으나(4:1-3)

사도들은 예수님께서 부활하셨다는 소식을 전했습니다. 종교 지도자들은 예수님께서 부활하셨다는 소식이 믿기지 않았습니다. 종교 지도자들은 사도들을 감옥에 가두었습니다. 하지만 복음을 가둘 수는 없었습니다. 여러 방해에도 불구하고, 복음은 계속 전파되었습니다. 이것은 우리에게 두 가지를 알려 줍니다. 첫째, 세상은 우리가 복음 전하는 것을 방해한다는 것. 둘째, 세상의 방해에도 불구하고 복음은 계속 전파된다는 것.

> 아나니아라 하는 사람이 그의 아내 삽비라와 더불어 소유를 팔아 그 값에서 얼마를 감추매 그 아내도 알더라 얼마만 가져다가 사도들의 발 앞에 두니 베드로가 이

한 부부가 있었습니다. 남편의 이름은 아나니아였고, 아내의 이름은 삽비라였습니다. 두 사람은 교회를 속이기로 마음먹었습니다. 자신들의 소유를 모두 헌금하는 것처럼 거짓말을 해서, 사람들에게 칭찬과 영광을 얻으려고 한 것입니다. 하지만 교회를 속이는 것은 곧 하나님을 속이는 일이었습니다. 그래서 하나님은 두 사람을 심판하셨습니다. 교회는 성령님께서 거하시는 공동체입니다. 교회는 거룩한 공동체입니다. 교회를 사람의 욕심과 욕망으로 더럽혀서는 안 됩니다.

묵상

베드로가 예수님의 이름으로 지체 장애인을 고친 것을 통해,
우리는 무엇을 알 수 있습니까?

_____

_____

_____

아나니아와 삽비라는 왜 하나님의 심판을 받았습니까?

_____

_____

_____

기도

하나님 아버지, 성령님께서 교회 안에 거하시는 것을 믿게 해
주세요. 성령님을 통해 예수님께서 여전히 일하고 계심을 믿
게 해 주세요. 성령님께서 거하시는 공동체인 저희 교회가 사
람의 욕심과 욕망으로 더럽혀지지 않고, 거룩한 공동체가 되
게 해 주세요. 예수님의 이름으로 기도합니다.

43주

주여, 이 죄를 그들에게 돌리지 마옵소서

사도행전 6–8장 | 찬송가 268장. 죄에서 자유를 얻게 함은

> 스데반이 지혜와 성령으로 말함을 그들이 능히 당하지 못하여 사람들을 매수하여 말하게 하되 이 사람이 모세와 하나님을 모독하는 말을 하는 것을 우리가 들었노라 하게 하고(6:10–11)

스데반은 초대 교회가 선출한 일곱 집사 가운데 한 명입니다. 당시 집사들은 어려운 자들을 돕는 일을 했습니다. 스데반은 어려운 자들을 돕는 가운데, 복음을 전하는 일에도 게으르지 않았습니다. 유대인들은 이런 스데반의 모습을 좋게 보지 않았습니다. 유대인들은 스데반에게 하나님을 모독했다는 누명을 씌웠습니다. 이처럼 세상은 우리가 복음 전하는 것을 좋아하지 않습니다. 우리가 복음 전하는

복음서와 사도행전

것을 반대하고 방해합니다. 그래서 복음 전하는 일에는 하나님의 은혜가 필요합니다. 우리의 인내가 필요합니다.

> 그들이 큰 소리를 지르며 귀를 막고 일제히 그에게 달려들어 성 밖으로 내치고 돌로 칠새 증인들이 옷을 벗어 사울이라 하는 청년의 발 앞에 두니라 그들이 돌로 스데반을 치니 스데반이 부르짖어 이르되 주 예수여 내 영혼을 받으시옵소서 하고 무릎을 꿇고 크게 불러 이르되 주여 이 죄를 그들에게 돌리지 마옵소서 이 말을 하고 자니라(7:57-60)

스데반은 유대인들에게 복음을 전했습니다. 유대인들은 스데반의 설교를 귀담아듣지 않았습니다. 도리어 스데반에게 분노하고, 스데반에게 돌을 던졌습니다. 스데반은 돌에 맞아 죽어 가면서도 유대인들을 용서해 달라고 기도했습니다. 스데반에게 돌을 던지던 무리 중에는 사울이라고 하는 청년도 있었습니다. 이 청년은 이후에 사도 바울이 됩니다. 살인자 바울이 사도 바울로 변할 수 있었던 것은 스데반의 기도가 있었기 때문입니다. 미움과 증오는 아무것도 이루지 못합니다. 우리는 미움 대신 사랑을, 증오 대신 기도를 해야 합니다.

> 사울은 그가 죽임당함을 마땅히 여기더라 그날에 예루살렘에 있는 교회에 큰 박해가 있어 사도 외에는 다 유대와 사마리아 모든 땅으로 흩어지니라 경건한 사람들이 스데반을 장사하고 위하여 크게 울더라 사울이 교회를 잔멸할새 각 집에 들어가 남녀를 끌어다가 옥에 넘기니라(8:1-3)

바울은 스데반의 죽음을 당연하게 여겼습니다. 스데반이 이단이라고 생각했기 때문입니다. 하지만 사실은 스데반이 아니라 바울이 이단이었습니다. 바울은 잘못된 믿음을 가지고 있었기에 참된 교회를 핍박했습니다. 그러면서도 자신이 올바른 일을 한다고 생각했습니다. 이처럼 바르게 아는 것은 매우 중요합니다. 참된 교회가 되기 위해서는 바른 지식이 있어야 합니다.

> 그 흩어진 사람들이 두루 다니며 복음의 말씀을 전할새 빌립이 사마리아 성에 내려가 그리스도를 백성에게 전파하니 무리가 빌립의 말도 듣고 행하는 표적도 보고 한마음으로 그가 하는 말을 따르더라(8:4-6)

유대인들은 예루살렘 교회를 핍박했습니다. 기독교인들은 예루살렘에서 쫓겨났습니다. 하지만 그 일은 복음이 온 세상에 전파되는 계기가 되었습니다. 사마리아 전도가 대표적입니다. 예루살렘에서 쫓겨난 빌립은 사마리아에 복음을 전했습니다. 그 결과 사마리아에도 교회가 세워졌습니다.

묵상

스데반은 죽어 가던 순간에 무엇을 했습니까?

_____

_____

_____

_____

스데반이 기도한 결과는 무엇입니까?

_____

_____

_____

_____

기도

하나님 아버지, 스데반은 목숨을 걸고 복음을 전했습니다. 스데반은 죽어 가던 순간에도 원수를 위해 기도했습니다. 저희도 스데반처럼 살기를 원합니다. 열심히 하나님을 증거하고, 하나님의 성품을 드러내며, 원수를 위해서도 기도하는 사람이 되게 해 주세요. 예수님의 이름으로 기도합니다. 아멘.

나는 네가 박해하는 예수라

사도행전 9-10장 | 찬송가 86장. 내가 늘 의지하는 예수

> 사울이 주의 제자들에 대하여 여전히 위협과 살기가 등등하여 대제사장에게 가
> 서 다메섹 여러 회당에 가져갈 공문을 청하니 이는 만일 그 도를 따르는 사람을
> 만나면 남녀를 막론하고 결박하여 예루살렘으로 잡아오려 함이라(9:1-2)

사울은 유대식 이름이고, 바울은 헬라식 이름입니다. 바울은 유대
인이면서 동시에 로마 시민이었기 때문에 두 개의 이름을 가지고 있
었습니다. 원래 바울은 예수님을 구세주로 인정하지 않는 유대교 신
자였습니다. 바울은 앞장서서 교회를 박해할 정도로 신실한 유대교
신자였습니다. 따라서 바울은 사도가 되기에는 부적절한 사람이었
고, 구원받을 자격도 없는 사람이었습니다. 하지만 하나님은 바울

을 구원하기 위한 계획을 가지고 계셨습니다.

> 사울이 길을 가다가 다메섹에 가까이 이르더니 홀연히 하늘로부터 빛이 그를 둘러 비추는지라 땅에 엎드러져 들으매 소리가 있어 이르시되 사울아 사울아 네가 어찌하여 나를 박해하느냐 하시거늘 대답하되 주여 누구시니이까 이르시되 나는 네가 박해하는 예수라(9:3-5)

바울은 교회를 박해하기 위해 다메섹으로 향하던 중이었습니다. 그때 갑자기 하늘에서 빛과 함께 소리가 들렸습니다. 그것은 하나님의 음성이 분명했습니다. 그런데 놀랍게도 하늘에서 말씀하신 분은 예수님이었습니다. 바울에게 그것은 예수님이 하나님이라는 사실을 의미했습니다. 이 깨달음은 바울의 인생을 완전히 바꾸어 놓았습니다. 이때부터 바울은 교회를 무너뜨리는 사람이 아니라, 교회를 세우는 사람이 되었습니다.

> 베드로가 이르되 주여 그럴 수 없나이다 속되고 깨끗하지 아니한 것을 내가 결코 먹지 아니하였나이다 한대 또 두 번째 소리가 있으되 하나님께서 깨끗하게 하신 것을 네가 속되다 하지 말라 하더라(10:14-15)

구약 시대에는 음식 규례가 중요했습니다. 구약의 유대인들은 거룩한 음식과 부정한 음식을 철저하게 구별해야 했습니다. 하지만 음식으로 거룩함과 부정함을 구분하던 시대는 지났습니다. 신약 시대에는 거룩함과 부정함의 기준이 예수님입니다. 예수님을 믿는 자들은 거룩한 자들이요, 예수님을 부인하는 자들은 부정한 자들입니다. 하나님은 이 사실을 베드로에게 알려주기 위해, 율법이 부정하다고 하는 음식들을 먹으라고 하셨습니다. 베드로가 부정한 음식 먹기를 거부하자, 하나님은 베드로에게 이제 더 이상 부정한 음식은 없다고 하셨습니다.

> 가이사랴에 고넬료라 하는 사람이 있으니 이달리야 부대라 하는 군대의 백부장이라 … 천사가 이르되 네 기도와 구제가 하나님 앞에 상달되어 기억하신 바가 되었으니 네가 지금 사람들을 욥바에 보내어 베드로라 하는 시몬을 청하라(10:1-5)

유대인들은 이방인들과 상종하지 않았습니다. 유대인들은 이방인들을 부정하게 생각했습니다. 본문의 고넬료도 유대인들이 부정하게 생각했던 이방인이었습니다. 하지만 하나님은 유대인 베드로와 이방인 고넬료가 만나도록 하셨습니다. 구약 시대에는 하나님의 백성이 되기 위해 유대인이 되어야 했지만, 신약 시대에는 이방인도 예수님을 믿기만 하면 하나님의 백성이 될 수 있기 때문입니다.

복음서와 사도행전

묵상

원래 바울은 어떤 사람이었습니까?

하나님은 바울에게 어떤 계획을 가지고 계셨습니까?

기도

하나님 아버지, 하나님께서는 교회의 박해자였던 바울을 교회의 일꾼으로 변화시켜 주셨습니다. 저희도 바울처럼 변화되기를 원합니다. 늘 하나님의 말씀에 귀 기울이게 해 주세요. 신실한 하나님의 사람으로, 충성된 교회의 일꾼으로 변화되게 해 주세요. 예수님의 이름으로 기도합니다. 아멘.

45주

교회는 그를 위하여 간절히 하나님께 기도하더라

사도행전 11-12장 | 찬송가 195장. 성령이여 우리 찬송 부를 때

> 그때에 스데반의 일로 일어난 환난으로 말미암아 흩어진 자들이 베니게와 구브로와 안디옥까지 이르러 유대인에게만 말씀을 전하는데 그중에 구브로와 구레네 몇 사람이 안디옥에 이르러 헬라인에게도 말하여 주 예수를 전파하니 주의 손이 그들과 함께하시매 수많은 사람들이 믿고 주께 돌아오더라(11:19-21)

유대인들의 핍박으로 인해 예루살렘 신자들은 사방으로 흩어졌습니다. 그들은 다른 도시에서도 유대인에게만 복음을 전했습니다. 그러다가 몇 사람이 이방인에게도 복음을 전했습니다. 그 결과 최초의 이방인 교회인 안디옥 교회가 탄생했습니다. 이때부터 안디옥 교회는 이방인 선교의 전초 기지가 되었습니다. 유대인들의 핍박은 위

기였습니다. 하지만 하나님은 위기를 기회로 바꾸셨습니다.

> 바나바가 사울을 찾으러 다소에 가서 만나매 안디옥에 데리고 와서 둘이 교회에
> 일 년간 모여 있어 큰 무리를 가르쳤고 제자들이 안디옥에서 비로소 그리스도인
> 이라 일컬음을 받게 되었더라(11:25-26)

바나바는 안디옥 교회의 사역자였습니다. 안디옥 교회가 부흥하면서, 바나바 혼자서는 감당하기 힘들게 되었습니다. 바나바는 다소에 머물고 있던 바울을 데리고 와서 공동 사역을 시작했습니다. 바나바와 바울이 함께 협력하자 안디옥 교회는 더욱 건강한 교회가 되었습니다. 심지어 세상 사람들에게도 그리스도를 닮은 사람이라는 뜻의 '그리스도인'으로 불리게 되었습니다. 이처럼 건강한 교회는 혼자서 모든 일을 하는 교회가 아니라, 함께 협력하는 교회입니다. 우리는 어떤 사역에 협력하고 있습니까? 교회를 함께 세우기 위해 어떤 노력을 하고 있습니까?

> 그때에 헤롯 왕이 손을 들어 교회 중에서 몇 사람을 해하려 하여 요한의 형제 야
> 고보를 칼로 죽이니 유대인들이 이 일을 기뻐하는 것을 보고 베드로도 잡으려 할
> 새 때는 무교절 기간이라(12:1-3)

복음이 전파되고 교회가 부흥하자, 세상의 핍박이 시작되었습니다. 헤롯 왕은 야고보를 죽였고, 베드로마저 감옥에 가두었습니다. 헤롯 왕과 유대인들은 전에는 사이가 좋지 않았지만, 교회를 핍박하는 일에 하나가 되었습니다. 이처럼 세상은 교회를 핍박하는 일에 한마음입니다. 지금도 마찬가지입니다. 지금도 세상은 여러 형태로 교회를 핍박합니다. 그래서 우리는 긴장의 끈을 놓아서는 안 됩니다.

지금도 여전히 하나님 나라와 세상 나라가 전쟁 중이라는 사실을 잊어서는 안 됩니다.

> 이에 베드로는 옥에 갇혔고 교회는 그를 위하여 간절히 하나님께 기도하더라 … 홀연히 주의 사자가 나타나매 옥중에 광채가 빛나며 또 베드로의 옆구리를 쳐 깨워 이르되 급히 일어나라 하니 쇠사슬이 그 손에서 벗어지더라(12:5-7)

베드로가 감옥에 갇혔을 때, 교회가 한 일은 기도였습니다. 교회는 베드로를 위해 간절히 기도했습니다. 그러자 하나님은 천사를 보내셔서 베드로를 구출해 주셨습니다. 이처럼 교회가 세상과 싸워 이기는 방법은 기도입니다. 따라서 교회는 예수님이 다시 오실 때까지 기도를 쉬지 말아야 합니다.

묵상

이방인 선교의 전초 기지가 된 교회는 어떤 교회입니까?

_____

_____

_____

교회가 세상과 싸워 이기는 방법은 무엇입니까?

_____

_____

_____

기도

하나님 아버지. 지금도 하나님 나라와 세상 나라가 전쟁 중임을 잊지 않게 해 주세요. 그리스도인으로서 기도로 전쟁에 동참하게 하시고, 기도로 승리하게 해 주세요. 예수님의 이름으로 기도합니다. 아멘.

46주

영생을 주시기로 작정된 자는 다 믿더라

사도행전 13-15장 | 찬송가 197장. 은혜가 풍성한 하나님은

안디옥 교회에 선지자들과 교사들이 있으니 곧 바나바와 니게르라 하는 시므온
과 구레네 사람 루기오와 분봉 왕 헤롯의 젖동생 마나엔과 및 사울이라 주를 섬겨
금식할 때에 성령이 이르시되 내가 불러 시키는 일을 위하여 바나바와 사울을 따
로 세우라 하시니 이에 금식하며 기도하고 두 사람에게 안수하여 보내니라(13:1-
3)

안디옥 교회가 금식하고 있을 때였습니다. 성령께서 안디옥 교회에
게 바나바와 사울을 선교사로 파송하라고 말씀하셨습니다. 바나바
와 바울은 안디옥 교회에서 가장 중요한 사람이었습니다. 두 사람을
선교사로 파송하면 교회가 어려움을 겪을 것이 분명했습니다. 하지

만 안디옥 교회는 하나님의 뜻에 따르기로 결정했습니다. 안디옥 교회는 하나님의 뜻을 최우선으로 생각했고, 모든 교회의 유익을 더 중요하게 생각하는 교회였습니다.

> 이방인들이 듣고 기뻐하여 하나님의 말씀을 찬송하며 영생을 주시기로 작정된 자는 다 믿더라(13:48)

바울과 바나바는 이방인의 도시를 두루 다니며 복음을 전했습니다. 놀랍게도 이방인 중에 복음을 영접하는 자들이 있었습니다. 그 이유는 하나님께서 영생을 주시기로 작정된 자들이 있었기 때문입니다. 바로 이것이 우리가 전도하는 이유입니다. 지금도 하나님께서 영생을 주시기로 작정된 자들이 있습니다. 그들은 우리가 전하는 복음을 기다리고 있습니다.

> 이에 이고니온에서 두 사도가 함께 유대인의 회당에 들어가 말하니 유대와 헬라의 허다한 무리가 믿더라 그러나 순종하지 아니하는 유대인들이 이방들의 마음을 선동하여 형제들에게 악감을 품게 하거늘(14:1-2)

바울과 바나바가 복음을 전하자, 두 가지 반응이 나타났습니다. 어떤 사람들은 복음을 받아들였고, 어떤 사람들은 복음을 대적했습니다. 따라서 우리는 복음을 반대하는 자들을 이상하게 여길 필요가 없습니다. 그것은 항상 있었던 일입니다. 우리는 대신 복음을 영접하는 자들에게 집중해야 합니다. 복음을 반대하는 자들이 있다면, 복음을 영접하는 자들도 반드시 있을 것입니다. 우리는 그것을 믿고 담대히 복음을 전해야 합니다.

> 어떤 사람들이 유대로부터 내려와서 형제들을 가르치되 너희가 모세의 법대로
> 할례를 받지 아니하면 능히 구원을 받지 못하리라 하니(15:1)

건강하게 성장하던 안디옥 교회에 이단이 침투했습니다. 이단들은 안디옥 교회 성도들에게, 할례를 받지 않으면 구원을 얻지 못한다고 가르쳤습니다. 할례는 이방인이 유대인으로 가입하는 의식이었습니다. 따라서 이단들의 주장은 반드시 유대인이 되어야만 구원을 얻는다는 뜻이었습니다. 안디옥 교회를 어지럽힌 이단들은 신약 시대가 시작되었음에도 불구하고, 여전히 구약 시대에 머물고 있었습니다.

묵상

이방인 중에도 복음을 영접하는 자들이 있었던 이유는 무엇입니까?

_____

_____

_____

_____

복음을 전할 때 나타나는 두 가지 반응은 무엇입니까?

_____

_____

_____

_____

기도

하나님 아버지, 복음을 전할 때 복음을 영접하는 자들이 있을 거라고 믿습니다. 복음을 반대하는 자들이 있는 반면에, 복음을 영접하는 자들도 있을 거라고 믿습니다. 그러므로 저희가 최선을 다해 복음을 전하게 해 주세요. 바른 복음을 잘 전하게 해 주세요. 예수님의 이름으로 기도합니다. 아멘.

47주

주 예수를 믿으라 그리하면
너와 네 집이 구원을 받으리라

사도행전 16-17장 | 찬송가 199장. 나의 사랑하는 책

> 거기서 빌립보에 이르니 이는 마게도냐 지방의 첫 성이요 또 로마의 식민지라 이
> 성에서 수일을 유하다가 … 두아디라 시에 있는 자색 옷감 장사로서 하나님을 섬
> 기는 루디아라 하는 한 여자가 말을 듣고 있을 때 주께서 그 마음을 열어 바울의
> 말을 따르게 하신지라(16:12-14)

바울은 복음을 전하기 위해 빌립보로 갔습니다. 빌립보는 바울이 유
럽에서 복음을 전한 첫 번째 도시입니다. 바울은 빌립보에서 루디아
라 하는 여성을 만났습니다. 루디아는 바울이 전한 복음을 받아들였
는데, 이는 하나님께서 루디아의 마음을 열어 주신 결과였습니다.

복음서와 사도행전

바울이 복음을 전할 때, 하나님도 함께하셨기 때문입니다. 복음을 전하는 사람은 혼자가 아닙니다. 하나님께서 함께하십니다.

> 간수가 등불을 달라고 하며 뛰어 들어가 무서워 떨며 바울과 실라 앞에 엎드리고 그들을 데리고 나가 이르되 선생들이여 내가 어떻게 하여야 구원을 받으리이까 하거늘 이르되 주 예수를 믿으라 그리하면 너와 네 집이 구원을 받으리라 하고 주의 말씀을 그 사람과 그 집에 있는 모든 사람에게 전하더라(16:29–32)

바울은 억울하게 매를 맞고 감옥에 갇혔습니다. 하나님은 지진으로 감옥의 문을 여셨습니다. 이 광경을 본 간수는 두려워하며 바울 앞에 엎드렸습니다. 바울은 두려워하는 간수에게 복음을 전했고, 그 결과 간수의 모든 가족이 예수님을 영접했습니다. 바울이 감옥에 갇힌 것은 우연이 아니었습니다. 간수와 그의 가족을 구원하시려는 하나님의 계획이었습니다.

> 데살로니가에 이르니 거기 유대인의 회당이 있는지라 … 그중의 어떤 사람 곧 경건한 헬라인의 큰 무리와 적지 않은 귀부인도 권함을 받고 바울과 실라를 따르나 그러나 유대인들은 시기하여 저자의 어떤 불량한 사람들을 데리고 떼를 지어 성을 소동하게 하여(17:1–5)

바울은 데살로니가에 도착했습니다. 바울은 유대인의 회당에서 복음을 전했습니다. 많은 사람이 바울을 따르자, 유대인들이 바울을 시기하기 시작했습니다. 심지어 유대인들은 폭력배를 고용해서 바울을 해치려고 했습니다. 그 결과 바울은 데살로니가에 오래 머물지 못했습니다. 하지만 하나님은 바울의 수고가 헛되지 않게 하셨습니다. 바울이 며칠 동안 복음을 전파한 결과 이곳에도 교회가 세워졌습니다. 바로 데살로니가 교회입니다.

> 베뢰아에 있는 사람들은 데살로니가에 있는 사람들보다 더 너그러워서 간절한
> 마음으로 말씀을 받고 이것이 그러한가 하여 날마다 성경을 상고하므로 그중에
> 믿는 사람이 많고 또 헬라의 귀부인과 남자가 적지 아니하나(17:11-12)

바울이 다음으로 방문한 도시는 베뢰아입니다. 바울은 베뢰아에서
큰 부흥을 경험했습니다. 그 비결은 베뢰아 사람들이 성경을 사랑했
기 때문입니다. 베뢰아 사람들은 날마다 성경을 읽었고, 그 결과 큰
부흥이 임했습니다. 성경은 하나님의 말씀입니다. 하나님의 말씀이
기에 큰 능력이 있습니다. 하나님의 말씀을 가까이하여, 말씀이 주
는 큰 능력을 경험하시길 바랍니다.

묵상

루디아가 예수님을 영접한 비결은 무엇입니까?

왜 하나님은 바울이 감옥에 갇히게 하셨습니까?

기도

하나님, 바울이 감옥에 갇힌 것은 간수를 구원하시려는 하나님의 계획이었습니다. 저희가 겪는 어려움에도 하나님의 뜻이 있음을 믿습니다. 고난과 슬픔 중에도 하나님을 신뢰하고, 담대하게 하루하루를 살아가게 해 주세요. 낙심하지 않고, 하나님을 찬송하며, 믿음으로 걸어가게 해 주세요. 예수님의 이름으로 기도합니다. 아멘.

두려워하지 말며 침묵하지 말고 말하라 내가 너와 함께 있으매

사도행전 18-19장 | 찬송가 200장. 달고 오묘한 그 말씀

> 밤에 주께서 환상 가운데 바울에게 말씀하시되 두려워하지 말며 침묵하지 말고 말하라 내가 너와 함께 있으매 어떤 사람도 너를 대적하여 해롭게 할 자가 없을 것이니 이는 이 성중에 내 백성이 많음이라 하시더라 일 년 육 개월을 머물며 그들 가운데서 하나님의 말씀을 가르치니라(18:9-11)

바울은 고린도에서 1년 6개월 동안 머물렀습니다. 바울이 고린도에 오랫동안 머물 수 있었던 비결은 하나님의 격려가 있었기 때문입니다. 하나님께서 바울에게, "내가 너와 함께 있겠다"라고 말씀하셨기 때문입니다. 우리 곁에 아무도 없어도, 하나님만 함께하신다면 충

분합니다. 우리에게 아무것도 없어도, 하나님만 함께하신다면 충분합니다.

> 여러 사람이 더 오래 있기를 청하되 허락하지 아니하고 작별하여 이르되 만일 하나님의 뜻이면 너희에게 돌아오리라 하고 배를 타고 에베소를 떠나(18:20-21)

에베소의 성도들은 바울이 좀 더 오래 머물기를 원했습니다. 하지만 바울은 에베소를 떠났습니다. 잠시 에베소를 떠나는 것이 하나님의 뜻이라고 생각했기 때문입니다. 하나님의 뜻이 바울에게는 절대적인 기준이었습니다. 우리는 무엇을 중요하게 생각합니까? 혹시 나의 뜻, 나의 이익, 나의 편리를 절대적인 기준으로 생각하지 않습니까?

> 어떤 사람들은 마음이 굳어 순종하지 않고 무리 앞에서 이 도를 비방하거늘 바울이 그들을 떠나 제자들을 따로 세우고 두란노 서원에서 날마다 강론하니라 두 해 동안 이같이 하니 아시아에 사는 자는 유대인이나 헬라인이나 다 주의 말씀을 듣더라(19:9-10)

바울의 2차 전도 여행이 시작되었습니다. 바울은 다시 에베소를 찾아가서 복음을 전했습니다. 여전히 유대인들은 바울을 비방하고 방해했습니다. 하지만 바울은 포기하지 않았습니다. 바울은 무려 2년 동안 매일 복음을 전했습니다. 에베소에서 바울의 설교를 듣지 않은 사람은 거의 없을 정도가 되었습니다. 복음을 전하기에 좋은 환경은 없습니다. 세상은 언제나 우리가 복음 전하는 것을 싫어합니다. 하지만 바울처럼 포기하지 않고 계속 전진하면, 언젠가는 열매를 맺을 것입니다.

에베소에서 큰 소동이 일어났습니다. 우상을 만들어서 판매하는 사람들이 일으킨 소동이었습니다. 바울이 하나님 외에는 신이 없다고 가르치자, 자신들의 수입이 줄어들어서 일으킨 소동이었습니다. 이 소동 때문에 바울은 큰 위험에 처했습니다. 자칫하면 생명을 잃을 수도 있었습니다. 하지만 바울은 안전했습니다. 하나님께서 에베소의 지도자를 통해 바울을 지켜 주셨기 때문입니다. 지금도 하나님은 국가와 행정 기관들을 통해 우리를 지켜 주십니다. 경찰과 군대는 하나님께서 우리를 지키시는 도구입니다.

묵상

바울이 고린도에서 1년 6개월 동안 머물 수 있었던 비결은 무엇입니까?

유대인들의 비방에도 불구하고 바울은 에베소에서 몇 년 동안 복음을 전했습니까?

기도

하나님, 바울은 유대인들의 비방에도 불구하고 2년 동안 에베소에서 복음을 전했습니다. 바울은 어려운 환경에서도 포기하지 않고 복음을 전했습니다. 저희도 바울처럼 포기하지 않고 복음을 전하게 해 주세요. 포기하지 않고 끝까지 하나님의 뜻을 행하게 해 주세요. 예수님의 이름으로 기도합니다. 아멘.

49주

나의 생명조차 조금도 귀한 것으로 여기지 아니하노라

사도행전 20-21장 | 찬송가 204장. 주의 말씀 듣고서

> 유두고라 하는 청년이 창에 걸터앉아 있다가 깊이 졸더니 바울이 강론하기를 더
> 오래 하매 졸음을 이기지 못하여 삼 층에서 떨어지거늘 일으켜보니 죽었는지라
> 바울이 내려가서 그 위에 엎드려 그 몸을 안고 말하되 떠들지 말라 생명이 그에
> 게 있다 하고 … 사람들이 살아난 청년을 데리고 가서 적지 않게 위로를 받았더라
> (20:9-12)

유두고라는 청년이 설교를 듣던 중, 창에서 떨어져 죽었습니다. 교
회에 찾아온 큰 슬픔입니다. 이처럼 교회 안에는 행복한 일만 있는
것이 아닙니다. 때로는 교회에도 슬픔이 찾아옵니다. 하지만 그것
으로 끝나지 않았습니다. 하나님은 유두고를 살려 주셨습니다. 교

회에 찾아온 큰 기쁨입니다. 이것이 우리의 소망입니다. 우리에게는 하나님께서 슬픔을 기쁨으로 바꿔 주실 것이라는 소망이 있습니다.

> 오직 성령이 각 성에서 내게 증언하여 결박과 환난이 나를 기다린다 하시나 내가 달려갈 길과 주 예수께 받은 사명 곧 하나님의 은혜의 복음을 증언하는 일을 마치려 함에는 나의 생명조차 조금도 귀한 것으로 여기지 아니하노라(20:23-24)

바울은 예루살렘을 향해서 나아가고 있었습니다. 그동안 유럽의 이방인들에게 복음을 전했다면, 이제는 아시아의 유대인들에게 복음을 전할 차례였습니다. 그때 성령님은 바울에게 예루살렘에서 있을 "결박과 환난"을 미리 말씀해 주셨습니다. 바울에게는 환영과 환대가 아니라, 박해와 핍박이 예정되어 있었습니다. 하지만 바울은 포기하지 않고 계속 나아갔습니다. 자신의 생명보다 복음을 더 중요하게 생각했기 때문입니다.

> 우리가 그 말을 듣고 그곳 사람들과 더불어 바울에게 예루살렘으로 올라가지 말라 권하니 바울이 대답하되 여러분이 어찌하여 울어 내 마음을 상하게 하느냐 나는 주 예수의 이름을 위하여 결박당할 뿐 아니라 예루살렘에서 죽을 것도 각오하였노라 하니(21:12-13)

바울의 동료들도 바울이 당하게 될 박해와 핍박을 알게 되었습니다. 바울이 예루살렘에서 고난당할 것을 알게 되었습니다. 동료들은 바울이 예루살렘으로 가는 것을 만류했습니다. 하지만 바울은 마음을 바꾸지 않았습니다. 이미 바울은 복음을 위해 죽음까지도 각오했기 때문입니다.

> 온 성이 소동하여 백성이 달려와 모여 바울을 잡아 성전 밖으로 끌고 나가니 문들
> 이 곧 닫히더라(21:30)

성령님의 말씀대로 바울은 예루살렘에서 큰 어려움을 겪었습니다. 유대인들은 바울에게 성전을 더럽혔다는 누명을 씌워서 죽이려고 했습니다. 바울이 당한 고난은 중요한 교훈을 전해 줍니다. 복음은 고난을 통해 전파된다는 것입니다. 바울처럼 목숨을 걸고 복음을 전한 사람들이 있었기에, 복음이 온 세상에 전파될 수 있었습니다. 바울처럼 자신을 희생한 사람들이 있었기에, 지금처럼 교회가 온 세상에 뿌리내릴 수 있었습니다.

복음서와 사도행전

묵상

왜 바울은 고난당할 것을 알면서도 예루살렘으로 갔습니까?

지금처럼 복음이 온 세상에 전파된 것은 어떤 사람들 때문입니까?

기도

하나님, 바울은 목숨을 걸고 복음을 전했습니다. 복음을 전할 수 있다면, 자신의 목숨도 아깝게 생각하지 않았습니다. 저희도 바울처럼 복음을 중요하게 생각하게 해 주세요. 복음을 위해서라면 목숨까지 걸 수 있는 사람이 되게 해 주세요. 그만큼 하나님을 사랑하고 복음을 사랑하게 해 주세요. 예수님의 이름으로 기도합니다. 아멘.

50주

로마에서도 증언하여야 하리라

사도행전 22-23장 | 찬송가 208장. 내 주의 나라와

> 내가 이 도를 박해하여 사람을 죽이기까지 하고 남녀를 결박하여 옥에 넘겼노니 (22:4)

바울은 유대인들의 모함 때문에 재판받게 되었습니다. 바울은 재판관 앞에서 자신이 복음을 위해 헌신하는 이유를 설명했습니다. 원래 바울은 기독교를 박해하던 사람이었습니다. 심지어 바울은 기독교인들을 죽이기까지 한 사람이었습니다. 그런데도 하나님은 바울을 구원해 주셨습니다. 심지어 복음의 일꾼으로 사용해 주셨습니다. 바로 이것이 바울이 목숨을 걸고 헌신하는 이유였습니다. 우리도 마찬가지입니다. 하나님은 지옥의 형벌을 받아 마땅한 우리를 구원해

주셨습니다. 심지어 하나님의 자녀로 선택해 주셨습니다. 그렇다면 우리도 바울처럼 복음을 위해 헌신해야 하지 않을까요?

> 가죽 줄로 바울을 매니 바울이 곁에 서 있는 백부장더러 이르되 너희가 로마 시민 된 자를 죄도 정하지 아니하고 채찍질할 수 있느냐 하니(22:25)

로마 군인들은 바울을 고문하려고 했습니다. 그러자 바울은 자신의 신분을 밝혔습니다. 바울은 자신이 로마 시민이라고 말했습니다. 바울을 고문하려고 한 백부장은 깜짝 놀랐습니다. 로마 시민은 함부로 가두거나 고문할 수 없기 때문입니다. 바울은 로마 시민이었기 때문에, 곤경에서 벗어날 수 있었습니다. 바울이 유대인이자 로마인으로 출생한 것은 바로 이때를 위함이었습니다. 하나님은 출생부터 바울을 준비시키셨습니다.

> 그날 밤에 주께서 바울 곁에 서서 이르시되 담대하라 네가 예루살렘에서 나의 일을 증언한 것 같이 로마에서도 증언하여야 하리라 하시니라(23:11)

감옥에 갇혀 있던 바울에게 하나님께서 찾아오셨습니다. 하나님은 바울이 붙잡힌 이유를 말씀해 주셨습니다. 바울이 감옥에 갇힌 이유는 로마에 복음을 전하기 위해서였습니다. 바울은 로마 시민이었기 때문에, 예루살렘이 아니라 로마에서 재판받을 수 있었습니다. 이처럼 우리가 겪는 어려움에는 이유가 있습니다. 하나님은 아무 목적 없는 고난을 주지 않으십니다. 고난을 주신 하나님을 원망하기보다, 고난을 통해서 하나님의 뜻이 이루어지기를 기도합시다.

> 날이 새매 유대인들이 당을 지어 맹세하되 바울을 죽이기 전에는 먹지도 아니하

유대인들은 바울을 죽이기로 결심했습니다. 무려 40명이나 되는 유대인들이 바울을 죽이기 전에는 먹지도 마시지도 않겠다고 다짐했습니다. 하지만 유대인 암살자들은 바울의 털끝 하나 만질 수 없었습니다. 하나님께서 바울을 보호하셨기 때문입니다. 아직은 바울이 생을 마감할 때가 아니었기 때문입니다. 우리를 이 땅으로 보내신 분이 하나님이시라면, 우리를 다음 세상으로 인도하시는 분도 하나님이십니다. 우리의 삶과 죽음은 하나님의 뜻에 달려 있습니다.

묵상

왜 바울은 목숨을 걸고 복음을 전했습니까?

_____

_____

_____

왜 백부장은 깜짝 놀랐습니까?

_____

_____

_____

_____

기도

하나님, 바울의 고난에 목적이 있었던 것처럼, 저희가 당하는
고난에도 목적이 있음을 믿습니다. 고난을 통해서도 하나님의
뜻이 이루어짐을 믿습니다. 그러므로 저희가 고난을 잘 견디
게 해 주세요. 저희의 고난을 통해 하나님의 뜻이 이루어지게
해 주세요. 예수님의 이름으로 기도합니다. 아멘.

나와 같이 되기를 하나님께 원하나이다

사도행전 24~26장 | 찬송가 210장. 시온성과 같은 교회

> 닷새 후에 대제사장 아나니아가 어떤 장로들과 한 변호사 더둘로와 함께 내려와서 총독 앞에서 바울을 고발하니라 바울을 부르매 더둘로가 고발하여 이르되 … 우리가 보니 이 사람은 전염병 같은 자라 천하에 흩어진 유대인을 다 소요하게 하는 자요 나사렛 이단의 우두머리라(24:1-5)

유대인들의 바울 암살 시도는 실패로 돌아갔습니다. 그러자 유대인들은 '더둘로'라고 하는 사람을 고용했습니다. 더둘로는 말을 잘하는 달변가였습니다. 더둘로는 총독에게 바울이 유대인을 소요하는 행동을 했다고 말했습니다. 바울이 나라를 어지럽히고 불안하게 하는 행동을 했다는 뜻입니다. 하지만 바울은 그런 행동을 하지 않았

복음서와 사도행전

습니다. 이처럼 세상은 목적을 이루기 위해 수단과 방법을 가리지 않습니다. 세상은 목적을 이루기 위해 거짓말을 서슴지 않습니다. 그럴지라도 우리는 정직해야 합니다. 세상과 똑같은 방식으로 세상과 싸워서는 안 됩니다.

> 이태가 지난 후 보르기오 베스도가 벨릭스의 소임을 이어받으니 벨릭스가 유대인의 마음을 얻고자 하여 바울을 구류하여 두니라(24:27)

유대인들이 바울을 고발한 지 이태가 지났습니다. 이태는 2년을 의미합니다. 바울은 무려 2년 동안 가이사랴의 감옥에 갇혀 있었습니다. 왜 하나님은 바울을 2년이나 감옥에 두셨을까요? 우리는 그 이유를 알 수 없습니다. 우리가 주목할 것은 바울의 반응입니다. 바울은 2년이나 감옥에 갇혀 있었으면서도 불평하거나 원망하지 않았습니다. 바울은 끝까지 하나님을 신뢰했습니다.

> 베스도가 유대인의 마음을 얻고자 하여 바울더러 묻되 네가 예루살렘에 올라가서 이 사건에 대하여 내 앞에서 심문을 받으려느냐 바울이 이르되 내가 가이사의 재판 자리 앞에 섰으니 마땅히 거기서 심문을 받을 것이라 당신도 잘 아시는 바와 같이 내가 유대인들에게 불의를 행한 일이 없나이다(25:9-10)

베스도가 새로운 총독이 되었습니다. 베스도는 유대인들의 마음을 얻기 위해서 바울을 예루살렘으로 보내려고 했습니다. 하지만 바울은 베스도의 요청을 거부했습니다. 대신 자신을 로마로 보내 달라고 했습니다. 바울의 목적은 감옥에서 빨리 풀려나는 것이 아니라, 복음을 전하는 것이었기 때문입니다. 실제로 바울은 로마로 가게 되었고, 그것을 계기로 로마에 복음을 전할 수 있었습니다.

> 아그립바 왕이여 선지자를 믿으시나이까 믿으시는 줄 아나이다 아그립바가 바울에게 이르되 네가 적은 말로 나를 권하여 그리스도인이 되게 하려 하는도다 바울이 이르되 말이 적으나 많으나 당신뿐만 아니라 오늘 내 말을 듣는 모든 사람도 다 이렇게 결박된 것 외에는 나와 같이 되기를 하나님께 원하나이다 하니라
> (26:27-29)

이번에는 아그립바 왕이 바울을 만나러 왔습니다. 바울은 왕을 설득하여 감옥에서 풀려나기보다 왕에게 복음을 전하기 위해 힘썼습니다. 바로 이것이 무엇을 하든지 하나님의 영광을 위하는 삶입니다. 우리도 바울처럼 어떤 상황에서도 나의 유익이 아니라, 하나님의 영광을 위해 노력해야 합니다.

묵상

왜 바울은 자신을 로마로 보내 달라고 했습니까?

왕을 만난 바울은 어떤 일을 했습니까?

기도

하나님, 바울은 2년이나 감옥에 갇혔지만 불평하거나 원망하지 않았습니다. 대신 그곳에서 로마 선교를 준비했습니다. 그 이유는 바울이 사는 목적이 오직 하나님의 영광이었기 때문입니다. 저희도 바울처럼 나의 유익이 아니라 하나님의 영광을 추구하게 해 주세요. 무슨 일을 하든지 하나님의 영광을 위한 삶을 살게 해 주세요. 예수님의 이름으로 기도합니다. 아멘.

우리가 로마에 들어가니

사도행전 27–28장 | 찬송가 212장. 겸손히 주를 섬길 때

> 우리가 배를 타고 이달리야에 가기로 작정되매 바울과 다른 죄수 몇 사람을 아구스도대의 백부장 율리오란 사람에게 맡기니(27:1)

바울은 드디어 로마로 가게 되었습니다. 바울은 배를 타고 로마로 향했습니다. 그런데 바울이 탄 배는 여객선이 아니라 화물선이었습니다. 바울은 마치 짐짝처럼 실려서 로마로 가게 되었습니다. 하지만 바울에게는 여객선인지 화물선인지가 중요하지 않았습니다. 바울에게는 로마로 간다는 사실이 중요했습니다. 바울은 오직 복음만을 중요하게 생각했기에, 화물선에 짐짝처럼 실려 가는 것도 참을 수 있었습니다.

바울이 탄 배는 폭풍을 만났습니다. 여러 날 동안 해와 별을 볼 수
없었던 큰 폭풍이었습니다. 대부분은 살 소망을 버리고 절망 속에
빠져 있었습니다. 하지만 바울은 두려워하지 않았습니다. 도리어
다른 사람들을 위로했습니다. 그 이유는 바울이 하나님을 신뢰했기
때문입니다. 바울은 하나님이 자신을 로마까지 안전하게 인도하실
것을 믿었습니다.

바울 일행은 하나님의 은혜로 멜리데라고 하는 섬에 도착했습니다.
바울과 함께 배에 있었던 사람들은 한 사람도 빠짐없이 안전하게 구
조되었습니다. 그뿐만이 아닙니다. 멜리데 주민들은 바울 일행을
따뜻하게 맞아 주었습니다. 멜리데 주민들은 바울 일행을 위해 잠
잘 곳과 먹을 것을 마련해 주었습니다. 바울 일행은 멜리데 섬에서 3
개월을 머문 후 다시 로마로 출발했습니다. 이처럼 하나님은 바울과
함께하셨습니다. 하나님은 바울이 안전하게 로마로 갈 수 있도록 인
도하셨습니다.

드디어 바울은 로마에 도착했습니다. 로마는 제국의 중심이었습니

다. 이제 바울의 복음은 로마로부터 온 세상을 향해 뻗어 나갈 것입니다. 바울이 로마로 오기까지 많은 우여곡절이 있었습니다. 가이사랴 감옥에 3년 동안 수감 되기도 했고, 폭풍을 만나 멜리데 섬에서 3개월을 기다리기도 했습니다. 하나님의 시간은 바울의 생각보다 길었습니다. 하지만 하나님은 바울에게 약속하신 것을 지키셨습니다. 하나님은 약속하신 대로 바울을 로마로 인도하셨습니다. 살아가다 보면 우리 생각대로 되지 않는 일들이 너무 많습니다. 우리 생각과 다르게 진행되는 일들이 너무 많습니다. 하지만 거기에도 하나님의 뜻이 있다는 사실을 믿어야 합니다. 하나님의 시간표와 계획표가 가장 정확하다는 것을 믿어야 합니다.

묵상

왜 바울은 폭풍을 두려워하지 않았습니까?

_____

_____

_____

바울의 로마행은 바울의 생각대로 진행되었습니까?

_____

_____

_____

_____

기도

하나님, 바울이 로마로 가기까지는 생각보다 많은 시간이 걸
렸습니다. 3년 동안 감옥에 갇히기도 했고, 폭풍을 만나기도
했습니다. 하지만 하나님은 결국 바울을 로마로 인도하셨습니
다. 저희의 인생에도 생각과 다르게 진행되는 일들이 많습니
다. 하지만 결국은 하나님께서 저희를 푸른 초장과 같은 곳으
로 인도할 것을 믿습니다. 어떤 상황에서도 하나님을 신뢰하
게 해 주세요. 흔들리지 않고 믿음으로 걸어 나가며 승리하는
삶 살게 해 주세요. 예수님의 이름으로 기도합니다. 아멘.